星野泰平

半値になっても儲かる「つみたて投資」

講談社+α《プラスアルファ》新書

プロローグ　〜「安く買って高く売る」に縛られすぎた日本人

「安く買って高く売る」

読者のほとんどの方は、これが「投資の常識」と思われているのではないでしょうか。私は証券業界に身を置きましたが、この投資の「常識」の影響で、実に多くの方が「投資はいかに安く買えるかが勝負」で、「投資はタイミングが重要」と思われているのを目《ま》の当たりにしてきました。そして、この「価格当てゲーム」のような常識から派生して、いつの間にか「投資＝博打《ばくち》」というイメージが醸成されてしまった感がします。

特にこの数年間は株価低迷もあり、損をしている方も多いせいか、投資のイメージが悪くなっているのを感じます。これは非常に残念です。

預金金利はほぼゼロの一方、年金不安や、増税気運など私たちの「お金」をめぐる環境は決して良くありません。一人一人がしっかり「お金」のことを考える必要があるのに、「投資＝博打」で片づけてしまってはもったいないと思います。

図1　半値になっても

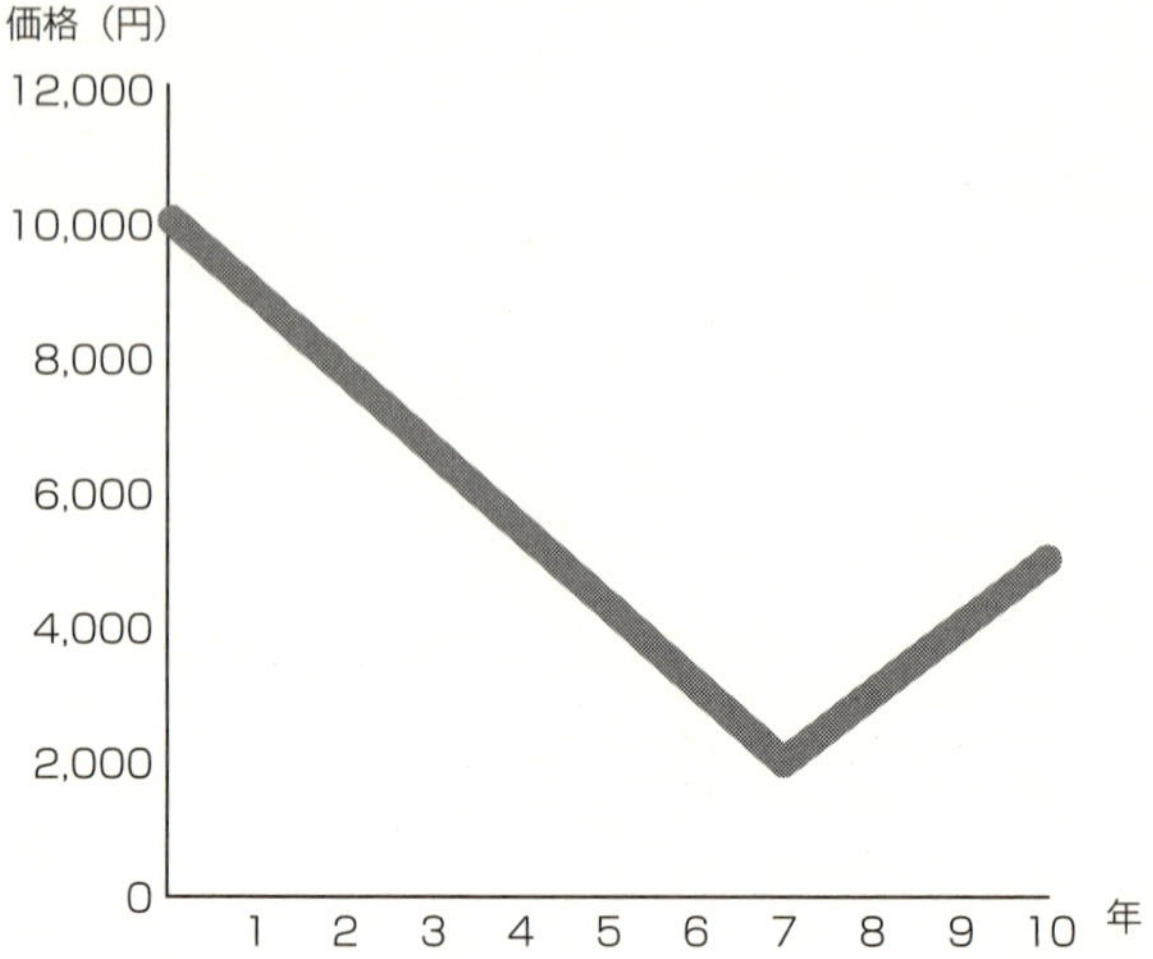

私は、その「価格当てゲーム」のような投資のイメージを刷新したいと思っています。そのためには「ある視点」が必要です。本書では、その「ある視点」をご紹介したいと思います。

半値になっても黒字

上のグラフ（図1）を見てください。これは、架空の金融商品の10年間の値動きを示しています。仮に「投資信託A」としておきましょう。

この商品は、スタート時の価格は1万円です。7年間で2000円まで下落し、その後反転。10年経過時点で5000円になりました。10年間で半分です。

この投資信託Aに、10年間投資した場

図2　毎月一定額ずつ投資を続けたら

半値but黒字

合、残念なことに資産は半値になってしまいます。

それでは10年間、**「毎月一定額ずつ投資を続けた」**としたら、どうでしょうか？　毎月投資すると、年12回の投資になります。10年間だと１２０回の投資になります。１２０回コツコツ投資していくと、やはり赤字になるでしょうか？

答えは「黒字」です。

なんと、スタート時の価格から半値になっていても、毎月投資していった場合、利益が出るのです。

投資は「安く買って高く売る」ものと思っていた方は驚かれるかもしれませんが、金融商品がスタート時から半分の価格になっても利益が出るのです。

詳しい解説は本文に譲りますが、毎月積み立てていく「つみたて投資」の場合、必ずしもスタート時の価格から下がったからといって損をするわけではありません。儲《もう》かる時もあります。

図3　どのタイミングでスタートしたらよいか？

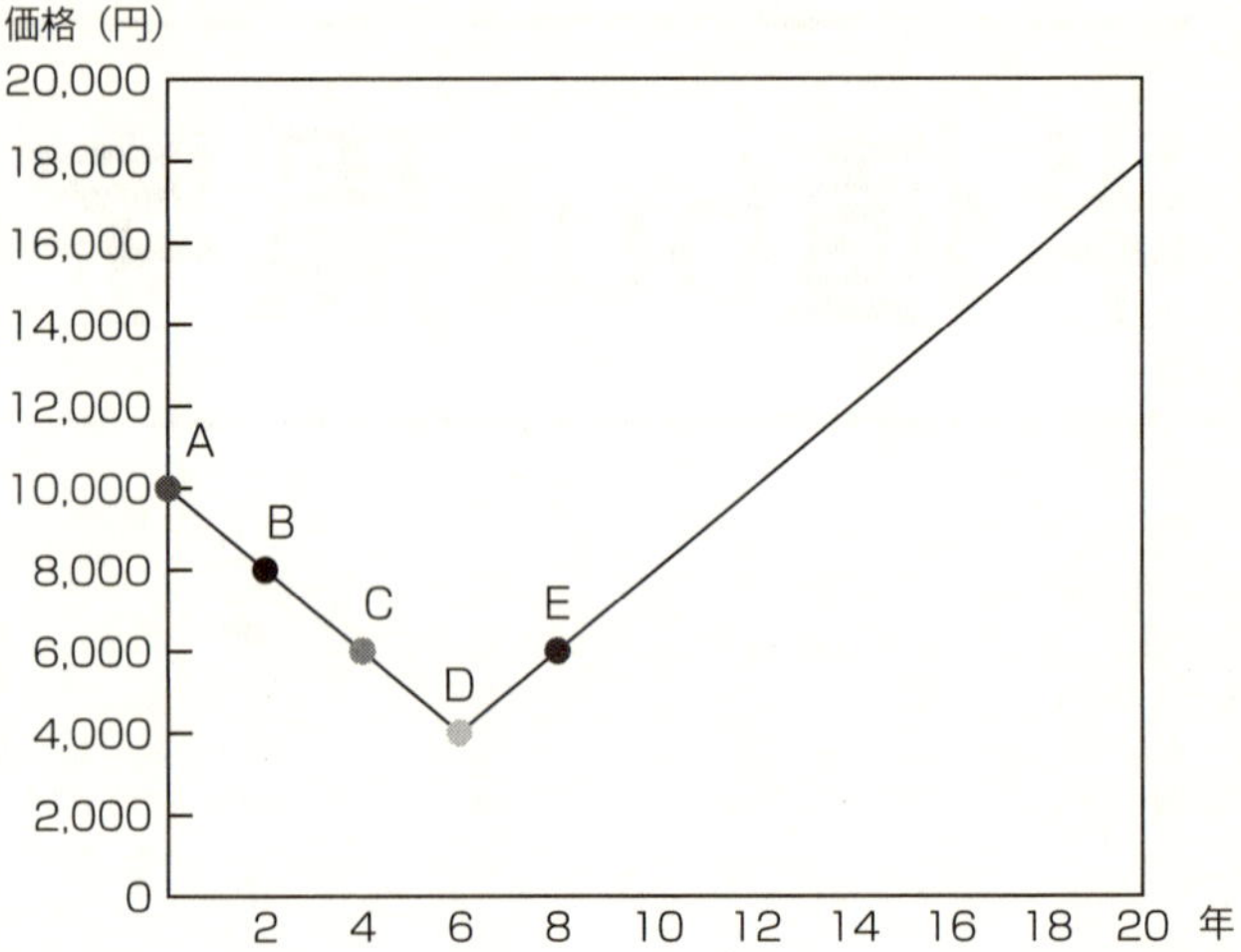

これは、「つみたて投資」の場合、金融商品の成績と、投資の成果が一致しないからです。毎月投資していく場合は、「安く買って高く売る」というように買い時と売り時だけ見ていると誤ります。

それはつまり、「投資を始めるスタートのタイミング」に悩まないでよいということです。投資で「安く」買おうと思う方は、いつが「買い時」か悩むと思います。しかし、毎月、投資していく場合、それは無用です。次のクイズをご覧ください。

タイミングは気にしないでよい

上の図3も、ある架空の投資信託の値動きを示しています。

10年間のつみたて投資をする場合、A・

図4　つみたて投資をした場合、利益が多くなる投資信託はどっち？

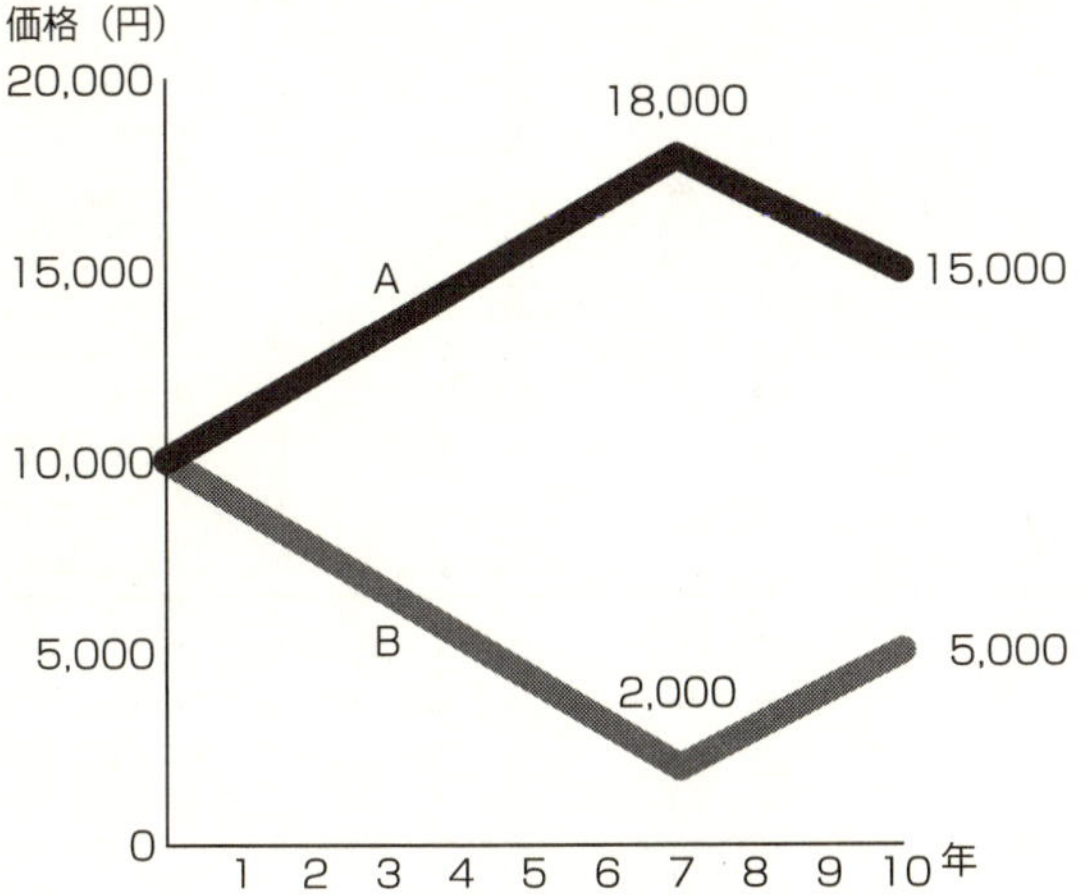

B・C・D・Eのどの時点からスタートしたら、最も成績が良かったでしょうか？

これも「安く買って高く売る」と考えると、「D」と思われるかもしれません。

しかし、正解は「C」です。利益が多い順番に並べると、C↓D↓B↓E↓Aの順番になりました。DよりもC、EよりもBの方が成績が良い理由はわかりますか？

結論としては、つみたて投資では「安く買って高く売ろう」と思って、スタートのタイミングを計る必要はありません。これも後ほどしっかり説明します。

上下対称のケース

もう一問やってみましょう。

前ページの図4では両方とも、スタート時の価格は1万円です。Aは7年間で1万8000円まで上昇し、その後下落。10年経過時点で1万5000円になりました。10年間で50%の上昇です。一方、Bは7年間で2000円まで下落し、その後反転。10年経過時点で5000円になりました。10年間で50%の値下がりです。

「最初にまとめて投資した場合、利益が多くなる金融商品はAとBのどっち？」と聞くと、ほぼ百パーセントの方が「A」と答えられると思います。答えはもちろん「A」です。Aに投資した人は投資金額の5割の利益を得る一方、Bに投資した人の資産は半値になってしまいます。

それでは質問を変えて、「10年間、『毎月一定額ずつ投資を続ける』としたら、利益が多くなる金融商品はAとBのどっち？」にするとどうでしょうか？

答えは「B」です。

なんと、スタート時の価格から半値になっているBの方が、Aより利益が多くなっているのです。Aは10年間で1・5倍になる一方、Bは半値になっています。それでも、Bに毎月投資した方が利益は大きくなります。

AとBのグラフは上下対称になっていて、明らかにAの方が金融商品としての成績では勝

図5　今あるお金─未来のお金

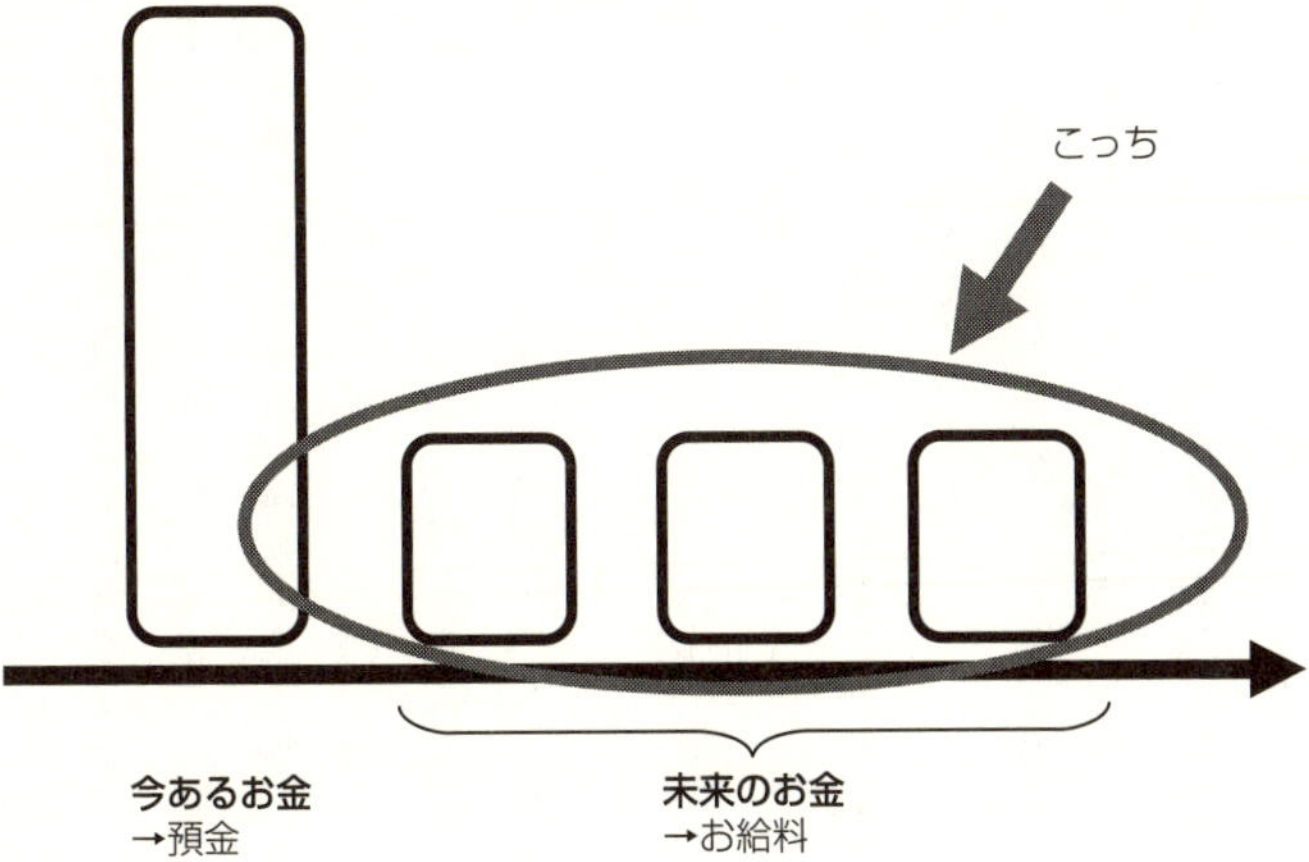

っています。一般的には、商品価格が上昇している方がより多くの利益が出ると思うでしょう。しかし、毎月、コツコツ投資をしていくと、10年後の成果はBが勝ってしまうのです。

このように、毎月少しずつ積み上げていく「つみたて投資」の場合、投資する商品の成績と、投資の成果はまったく異なります。従来の投資のように、商品の成績だけ見て判断すると投資の成果を見誤るでしょう。「つみたて投資」には、従来の「安く買って高く売る」のとは違う、新しい投資の世界が広がっているのです。

誰も解説してこなかった投資法

この本で解説する「つみたて投資」は、預金などの「今あるお金」ではなく、お給料や不動産収入などの、これから生まれる「未来のお金」の投資方法です。この「未来のお金」の投資は、今までの投資とはまったく異なり、投資商品の成績と投資の成果が一致しないのですが、そういう特徴がほとんど解説されてきませんでした。

日本全体で見ると、日本人の金融資産は約1450兆円あります。このうち、半分以上の約800兆円が預貯金です。このお金の投資方法を解説している本は山ほどあります。

一方、サラリーマンが毎年得る給料を合計すると、年間約200兆円になります。この「未来のお金」の投資方法を解説している本はほとんどないのです。完全にブラックボックスだったのです。

解説されてこなかった理由は金融機関が儲からないからです。毎月、数万円ずつのお金より、すでに預貯金にある数百万〜数千万円のお金を投資してもらった方がはるかに効率よく手数料を得られます。ですから、誰も本気で「未来のお金」の投資＝「つみたて投資」を説明しようとしませんでした。

日本証券業協会に登録している証券会社305社のうち、投資信託の「つみたて投資」をサイト上で告知している会社は、たったの13社でした。全体の4％です。金融機関はなかなか儲からないので、積極的な勧誘をしないのです。

ところが一般のサラリーマン家庭で、まとまった資金を投資に回せる余裕のある方は少数派だと思います。その点、「つみたて投資」は少額ずつできるため、働き盛りで今十分な蓄えがない人でも取り組めます。毎月、自動引き落としを利用することができ、一般の方が最も取り組みやすい投資手法です。

この、誰でも取り組めるものの、誰も解説してこなかった「未来のお金」の投資について、本書ではなるべくわかりやすく、シンプルな解説をします。読者の皆様の投資のイメージを変えたいと思います。

つみたて投資の説明が必要な理由

日本はこれから本格的に高齢化社会を迎えます。お年寄りが増える社会を維持するには、たくさんのお金がかかります。年を取れば病院に通うことも多くなりますので、医療費が増えます。介護が必要な人、年金を受け取る人が増えます。これから日本の社会を維持していくには莫大なお金がかかるようになっていくのです。当然、それを支える国民の負担が増えるでしょう。

一方、給料は昔のように右肩上がりでは増えません。これからの資産形成層は、限られた収入の範囲で、将来の資産を作らないといけないのです。つみたて投資とは、「限られた収入を有効活用して将来の資産設計をしていくのに役立つ投資」なのです。

本書では「つみたて投資」を「一回でまとめて投資した場合（一括投資）」と比較する方法で解説していきます。何かを説明する際に、その対になるものと比較しながら行うと特徴がわかりやすくなるからです。

ですから、本書を読み進めるうえで、一括投資する余裕がない方でも、「今、預金がないから一括投資はできないよ」と諦《あきら》めてしまわずに、「もし、自分に一括投資する資金があったら」という視点で読み進めてください。そうすることで、つみたて投資の特徴をしっかり理解できます。

また本書を通じて、つみたて投資の「知識」だけでなく、つみたて投資に関する普遍的な「思考力」も身につくと思います。それは単なる教科書的な知識でなく、今後、投資を続けていく中で起こる様々な局面で「判断」をしていくために必要な力です。

私はこの数年間、金融業界の流れに逆行し、つみたて投資の魅力を伝えるための研究に従事してきました。また、この本が生まれる過程で、一つの証券会社がなくなってしまいました。その経緯をご紹介することで、これまでなぜ、つみたて投資が研究されなかったのか、その背景が伝わればと思います。

皆さんにこれまで見たことのない、まったく新しい投資の世界を感じていただければ幸いです。

◎目次

第2章 「スピード回復」効果 ~損から素早く回復する

第3章 「リバウンド」効果 ~下がった後に戻ればリターンが得られる

第4章 「ストレス抑制」効果 ~上がっても下がってもストレスが抑えられる

第10章　つみたて投資研究記　〜一つの証券会社がなくなった物語

終章　つみたて投資とはどういう投資か

第1章　「値下がり安心」効果

～どんなに下がっても安心

図1　半値になっても　（P4と同図）

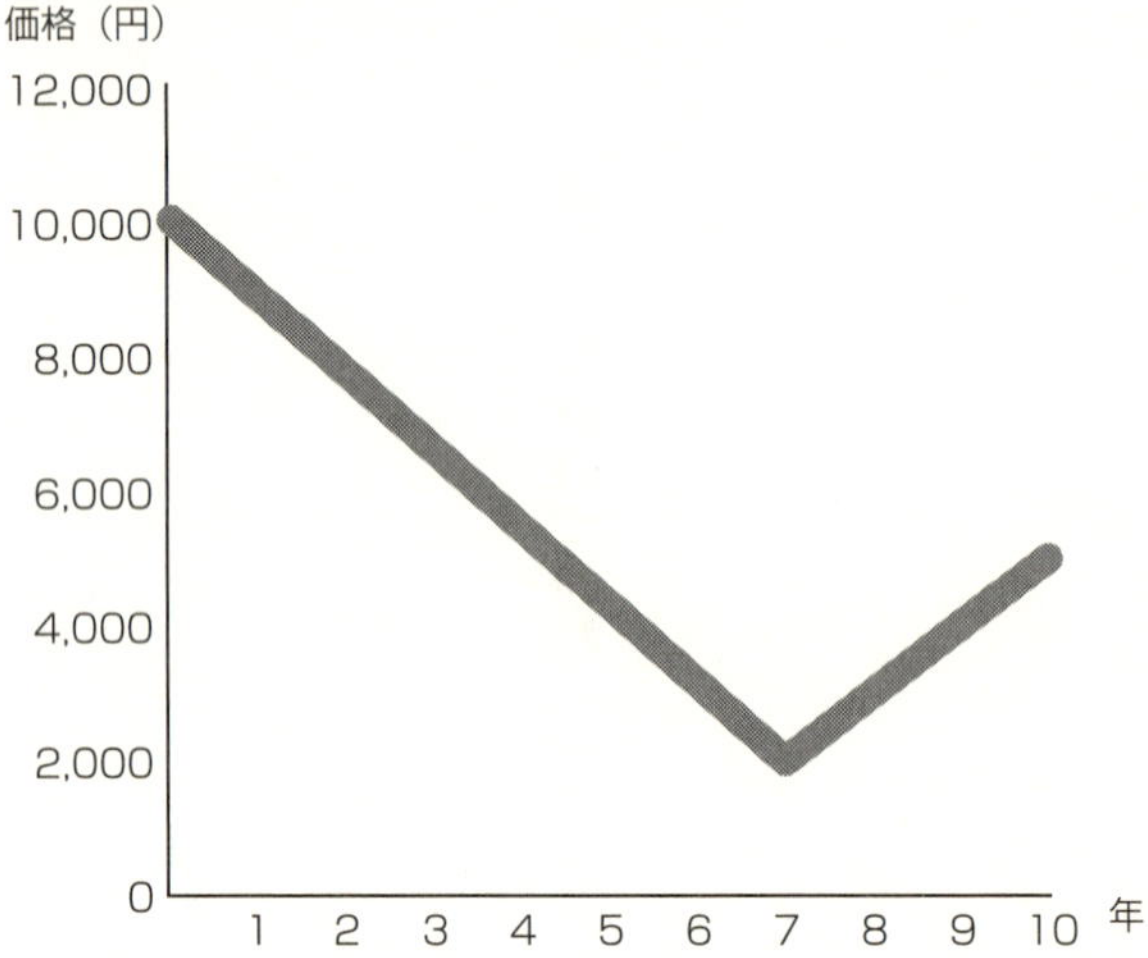

半値になっても

最初に、投資の常識「安く買って高く売る」を取り除きましょう。

問題①

毎月１万円ずつ「つみたて投資」をすると、１年間で12万円、10年間の投資金額は合計１２０万円になります。

上の図のような値動きをする投資信託に毎月１万円ずつ、10年間つみたて投資をした場合、10年後、１２０万円はいくらになるでしょうか？

【値動き】

スタート時の価格は１万円。７年後、２

000円まで下落。10年後、5000円まで回復。しかし、スタート時の半値。毎月1万円のつみたて投資の場合、総投資金額は120万円。あなたの資産はトータルでいくらになっているでしょうか？　次の3つのうちからお答えください。

①約72万円
②約90万円
③約139万円
（答えはP22の下をご覧ください）

スタート時の半値でも黒字

いかがでしょうか？　金融商品の価格は半値になっても黒字になりました。これが「つみたて投資」なのです。

最初にまとめて一括投資をしていた場合、投資金額120万円は10年後に半分の60万円になってしまいます。しかし、つみたて投資だと黒字になりました。金融商品の価格が半値になっていても利益が出たのです。理由はわかりますか？　まず、投資の基本から考えてみましょう。

図６　投資の評価の公式

投資の評価＝口数×価格

投資とは、金融商品を「買う」ことです。たとえば、投資信託の場合は、通常1万口単位で価格が表示されています（基準価格）。そして、買った「口数」に金融商品の価格を掛けることで評価します。たとえば、1個100円のトマトが100個あった場合のトマト全部の評価は「100個×100円」で1万円です。これがトマトの評価です。式で表すと次のようになります。

「投資の評価」＝「口数」（A）×「商品の価格」（B）

通常、投資というと「安く買って高く売る」と言われるように、「いくらで買うか」という金融商品の「価格」（B）に意識が集中し、何口買えるかという「口数＝金融商品の量」（A）は、ほとんど意識されていませんでした。

一回でまとめて投資する場合、最初に買った口数が変化しないからです（分配金などは考慮せず）。読者の皆さんも投資する場合に、「いくら

問題①：正解は③

で買うか」を意識する人は多いと思いますが、「何口買えるか」という視点で考える人は少なかったのではないでしょうか。

つみたて投資は毎月投資をしていきます。金融商品の価格は、毎月変わるので、「買える口数」はそのつど変わるのです。投資する商品の価格が「安い」時はたくさんの口数が買えますが、価格が「高く」なると少ない口数しか買えなくなります。

たとえば、毎月1万円ずつトマトを買うとすると、1個100円の月は100個買えますが、翌月、1個200円になると50個しか買えません。逆に翌々月50円になると、200個も買えるのです。

ですから、問題①のように、10年間で半値になる商品の場合、価格が下がるにつれ、「買える口数」はどんどん多くなります。特に7年後の時点は2000円と最安値なので、最も多く口数を買い込める時期です。

バーゲンで安くなったら、ついたくさん買ってしまいませんか？　逆に、バーゲンが終わると買う量は減るでしょう。買い物でも、投資の世界でも、「価格が安いものはたくさんの量を買える一方、高いものは、あまりたくさんの量を買えない」のです。

図7　価格によって買える口数が変わる

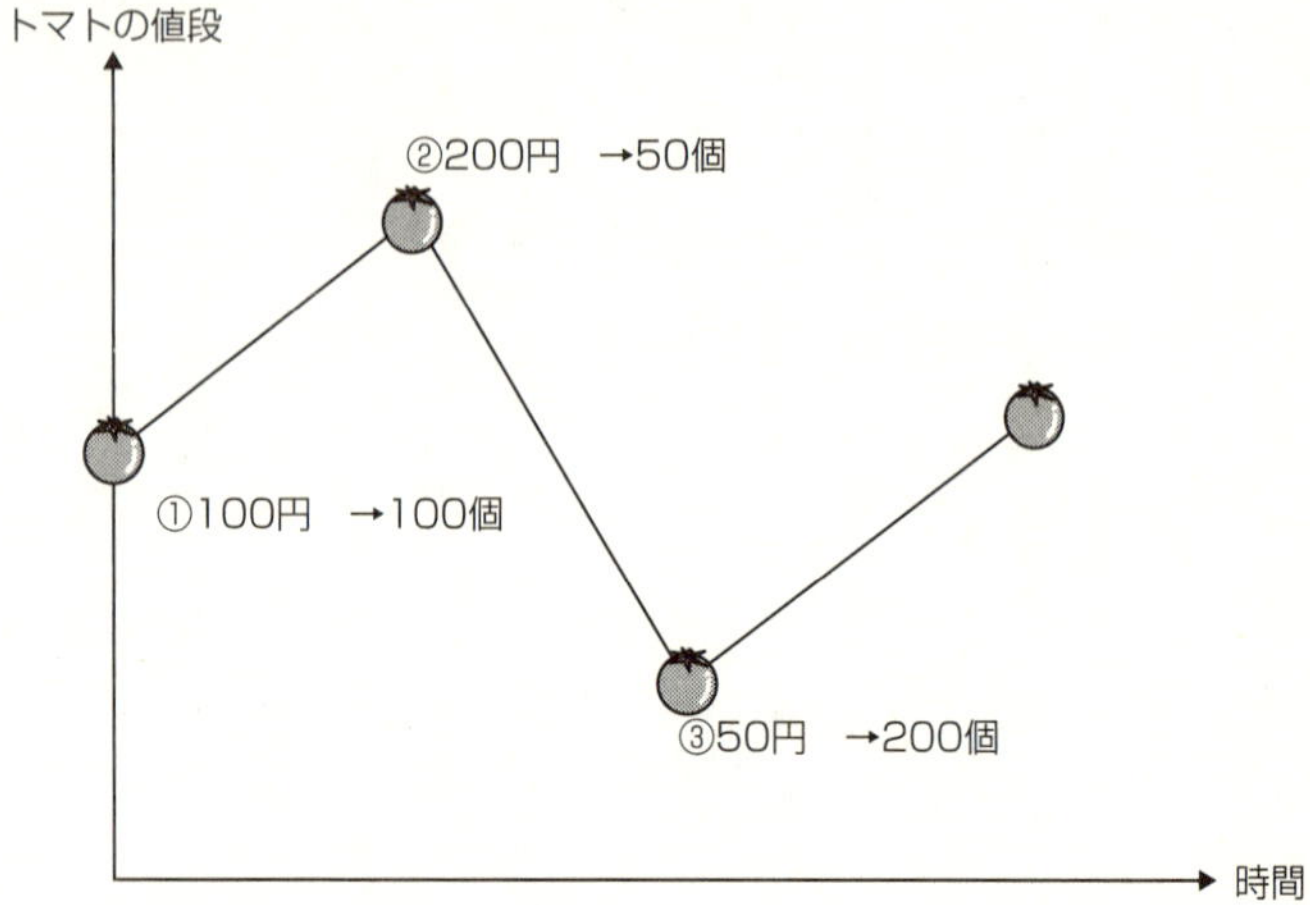

つみたて投資は下がった後が面白い

このように、つみたて投資の場合、金融商品の価格が下がれば下がるほど、たくさんの口数を買い込みます。そして、その後商品の価格が上昇した時に、買い込んだ口数が威力を発揮するのです。

もう一度、投資の評価の式を見てみましょう。

「投資の評価」＝「口数」（A）×「商品の価格」（B）

商品の価格（B）が下がっている時は、口数（A）を多く買い込みます。その後、商品の価格（B）が上昇するとどうなるでしょう？　それまで貯め込んできた口数が、高い価格で評価されるので、一気に評価が上がるのです。

たとえば、トマトを100円で100個買った場合の評価は「100個×100円＝1万円」です。しかし、その価格が200円になれば、「100個×200円＝2万円」になります。このように、商品の価格が上がることで、一気に評価は高くなります。

ですから、問題①のケースでは、たしかに金融商品の10年後の価格がスタート時の半値でしたが、それまでにたくさんの口数を貯め込んでいたので、その口数に価格を掛けて評価したら、黒字になったのでした。

どんなに下がっても少し戻せばＯＫ

もう一問、解いてみましょう。

問題②

【値動き】

スタート時の価格は1万円。7年後、1円まで下落。10年後、50円まで回復しました。スタート時の200分の1の価格です。毎月1万円のつみたて投資の場合、総投資金額は120万円。果たして結果は？　次の3つの中から選んでください。

図8　1円まで下落

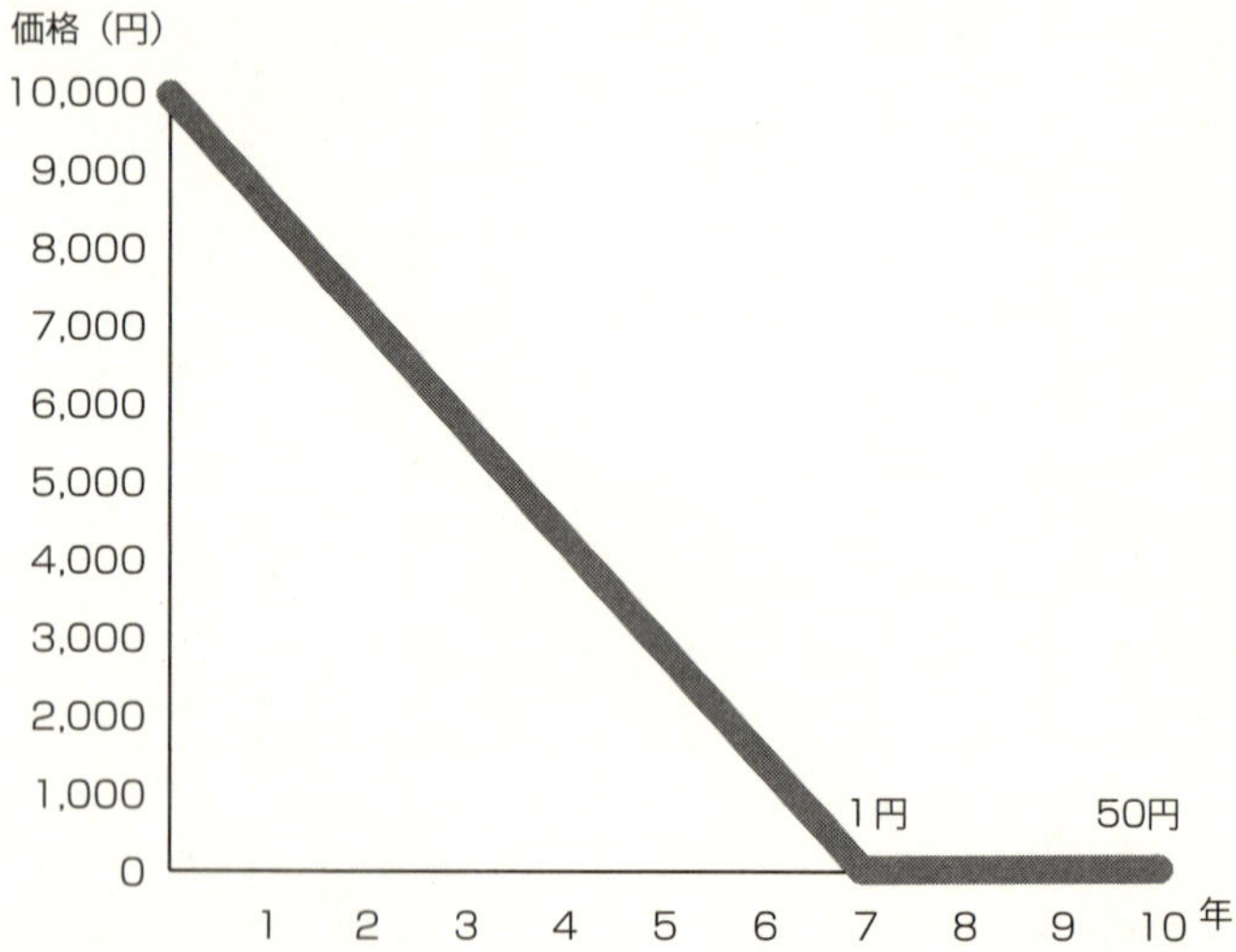

①約52万円
②約１２８万円
③約１７５万円
（答えはＰ27の下をご覧ください）

10年後の価格が50円とは、スタート時の価格の２００分の1です。それでも、約55万円（＋46％）の利益が出ています。

問題①の半値になったケースよりも利益は大きくなっています。結局、つみたて投資の場合、商品の価格の上げ下げだけ見ていても成果はわかりません。下がったから、その分損が大きくなるというものでもありません。

図９　つみたて投資の場合、「下がる＝損が膨らむ」というわけではない

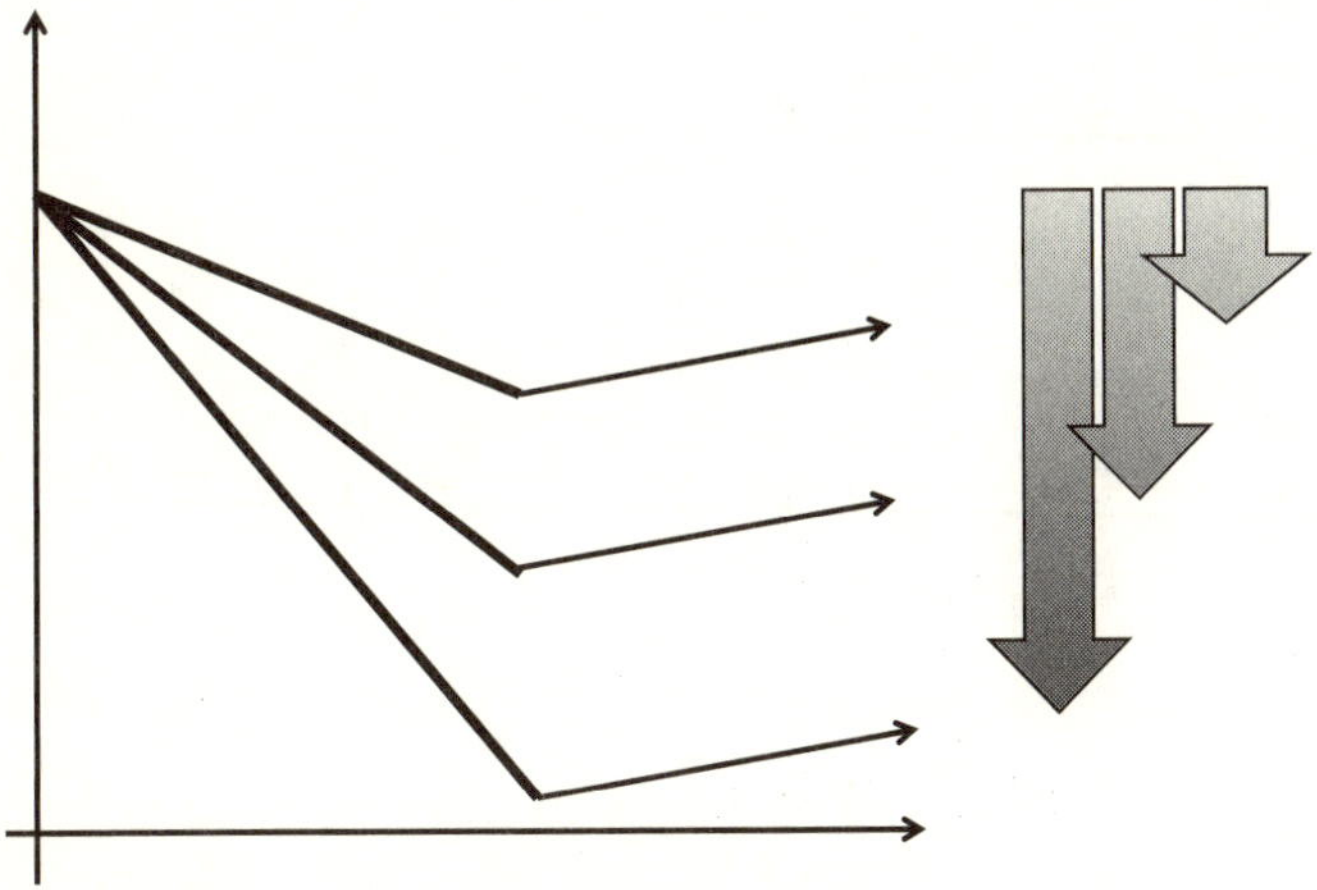

投資の評価はあくまで、「口数×価格」で決まる。

つみたて投資の場合、価格が下がるということは、多くの「口数」を買い込めるという意味なので、その後の値動き次第で評価は変わってくるからです。これが、従来の投資の考え方と大きく異なる点です。

これらの問題を見てもわかるように、つみたて投資は「下がっても、少し戻せば大丈夫」という安心感があります。どんなに下がっても、そこからある水準まで戻せば黒字に回復するからです。

これが通常の一括投資にはない「値下がり安心」効果です。「つみたて投資なら、下がっても怖くないな」と思っていただけたでしょうか？

問題②：正解は③

います。

人間の脳は「損」にビンカン

もともと人間の脳は、「得」より「損」するときの悔しさを大きく感じるように作られています。

たとえば、勝ったら100万円もらえて、負けたら100万円支払うジャンケンがあったらあなたはしますか？　おそらく、ほとんどの方は「負けたら嫌だからしない」と答えられると思います。

ノーベル経済学賞を受賞したダニエル・カーネマン博士によると、人間は「利益」の2〜2・5倍、「損失」を大きく感じるそうです。この特性を「損失回避」と言います。

この自己防衛意識は、動物の本能によります。古来、動物の世界では「負け＝死」を意味していました。動物の世界は、負けたら食べられておしまいです。ライオンに見つかったウサギは、ライオンを倒せなくても、逃げ切れるだけでよかったのです。

人間の世界でも同じです。仕事でもリターンを求めて果敢に挑戦するより、「ミスしないこと」を優先しがちになっていませんか？　動物や人間の脳は損や負けをなるべく避けるように働くのです。

一括投資の場合、常に値下がりの恐怖と背中合わせです。過去の統計等で考えれば、ある程度長期で取り組めば、損する可能性はかなり減りそうです。

しかし、過去はあくまで過去です。これから先はわかりません。もしかしたら、大暴落が起こるかもしれません。一括投資の場合は常に「これから先、下がるかもしれない」という不安を抱えているのです。

ライオンからは、逃げ切ればよい

その点、つみたて投資は、「下がっても大丈夫」と、損を嫌がる脳を安心させる効果があるため、気楽に取り組める投資なのです。

「値下がり保険料」を払っている

私たちはよく旅行をします。旅行とは「空間」の移動です。見知らぬ土地に行く時は、誰でも少なからず不安な面があると思います。特に、それが海外の場合などはなおさらです。海外の旅先で事故に巻き込まれたり、荷物やお金を盗《と》られたりした時に備えて「保険」をかける方は多いのではないでしょうか？「保険料」を支払うことで、見知らぬ土地へ

図 10　つみたて投資＝「値下がり保険つき」投資法

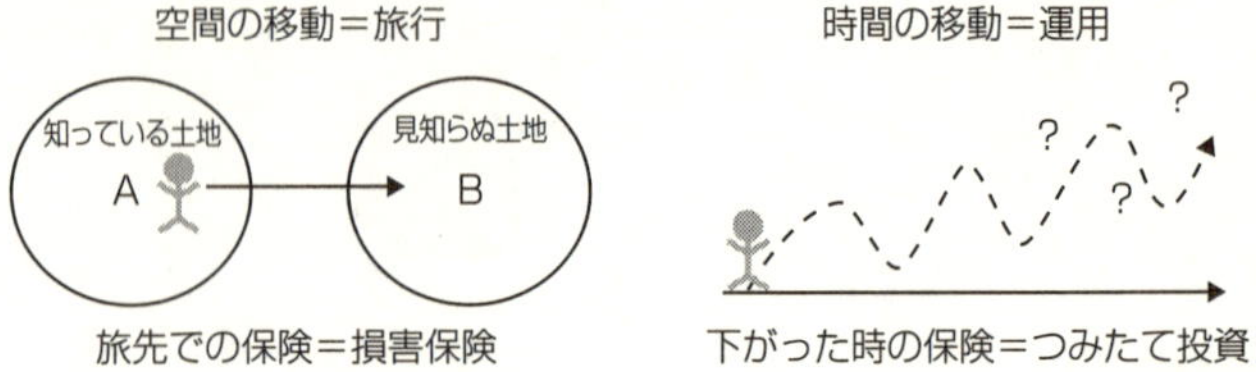

行く時に「安心感」が得られます。

一方、資産運用とは「時間」の移動です。「今という時点」から、「未来のある時点」までお金に旅をさせるのです。

未来は誰にも予測できません。過去に素晴らしい実績があっても、将来は損をする可能性があります。その時に、「下がっても、少し戻せば大丈夫」という安心を手に入れられる保険があったらいいと思いませんか？

その点、つみたて投資は「下がっても大丈夫ですよ」という「保険」がついた投資と言えます。どんなに下がっても、それが、仮に当初の価格の5分の1になっても、それどころか1万分の1になっても、ある線まで金融商品の価格が戻れば、損益ラインを越えるのが明らかだからです。この「戻せば安心」という効果は、損したくない投資家にとって非常に重要な役割を果たすと思います。

注意事項

問題②ではつみたて投資の特徴を説明するために、あえて「1

図11　つみたて投資は1社にではなくパッケージで

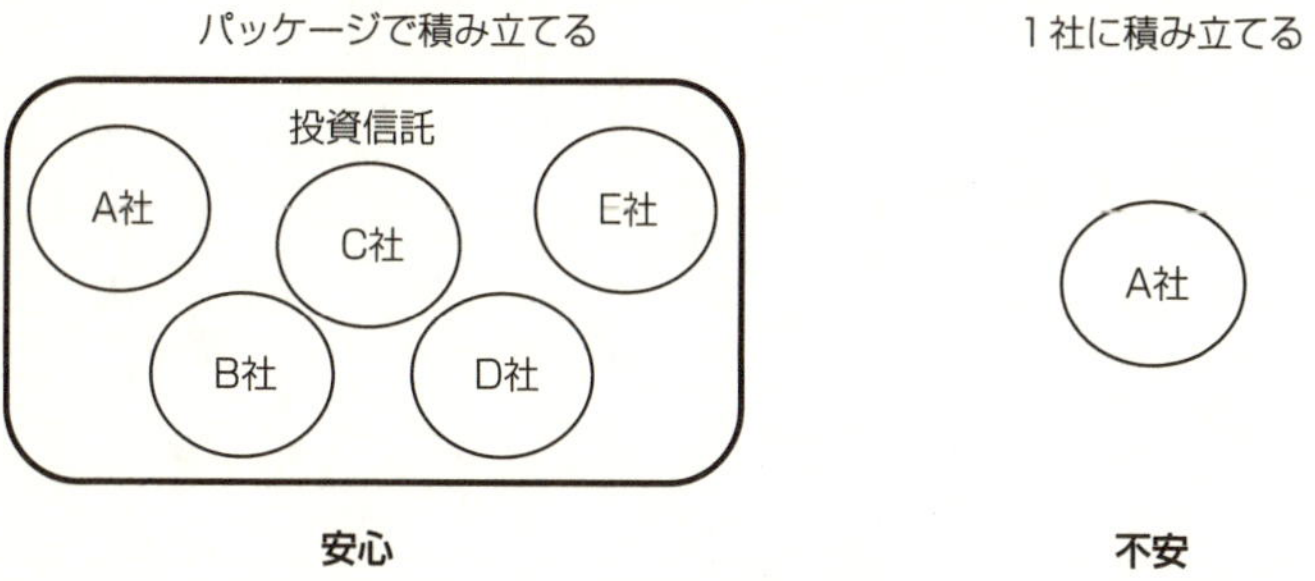

円」という極端な場合を用いて解説しました。つみたて投資なら、「どんなに下がっても、ある水準まで戻せば回復する」という効果を解説するために、あえて極端な数値を用いたのです。

実際に投資する場合には、他の要素も絡《から》んでくるので注意が必要です。たとえば、個別株式の場合、1円まで本当に下落する企業は、再生の可能性も極めて低いです。

個別企業に積み立ててしまうと、どうしても倒産リスクやその産業自体の衰退リスクがあるので、複数の企業にパッケージで投資できる投資信託をお勧めします。長年、コツコツと株式を積み立てていった企業が、将来、投資を手仕舞おうと思った時に不祥事を起こしたり、業績が極度に悪化していたら元も子もありません。

リスクマネジメントの観点で見た場合には、「つみたて投資」をするなら、個別の企業でなく「パッケージ」したものをお勧めします。

【つみたて投資人生論① 安心第一】

皆さんは食品を買う時、安いからというだけで食材を選ぶでしょうか？ 「安い」食材の裏には、賞味期限が間近に迫っているなど、いろいろな事情が推測されると思います。

職場選びも、けっして給料の高低だけでは選ばないと思います。高い職種にはそれ相応のプレッシャーがあり、責任も求められるでしょう。部屋選びにしても、家賃が安いからという理由だけでは選ばないでしょう。

何事もそうですが、まずは安心できるものを選択すると思います。結婚相手も、まずは安心して結婚できる方を選ぶのではないでしょうか。安心第一です。

つみたて投資には、「安心感」があります。下がる怖さを和らげてくれるのです。安心第一つみたて投資。「つみたて投資」は人生に通じます。

第2章　「スピード回復」効果

～損から素早く回復する

図12　どこで回復するか

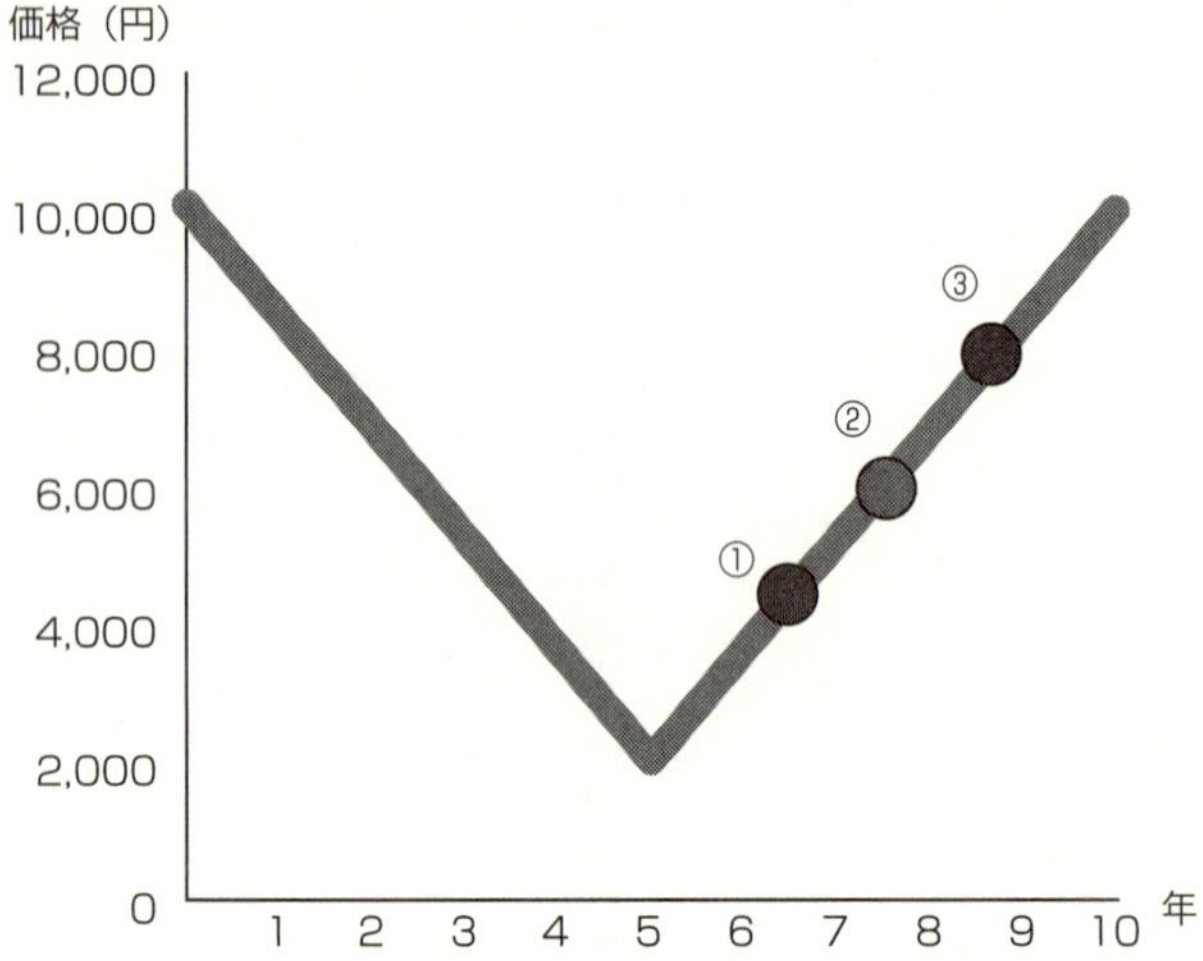

第1章では、下がっても大丈夫という「値動き」の視点から安心感の説明をしました。次は、それを素早く回復するという「時間」の視点で考えてみたいと思います。

つみたて投資は回復する投資

問題③

上の図12のような値動きをする商品に「つみたて投資」をするとします。スタート時の価格は1万円。5年後、2000円にまで下落しました。この時点で評価額はマイナス60・1％です。ここから反転して、10年後に1万円に戻りましたが、さて、いつの時点で黒字化したでしょうか？次の3つの中から選んでください。

①6年6ヵ月目
②7年10ヵ月目
③8年9ヵ月目
（答えはP36の下をご覧ください）

このように、つみたて投資の場合は値下がり後、ある水準まで戻れば、損から回復します。一括投資の場合、スタート時点の価格まで戻らないと回復しませんので10年を要しますが、つみたて投資の場合、それより前（6年6ヵ月目）に回復するのです。

この「回復力」はつみたて投資の最大の特徴です。損をしている時間が短くなります。万が一、相場が大きく下がっても、素早い回復が期待できる投資なのです。

バブル崩壊後の日本でも……

実際の日本株の動きを例に説明します。日本の株式市場は、1989年の年末に最高値をつけてから、次ページの図13のように右肩下がりで下がっています。1989年の12月末から2010年の6月末までの246ヵ月間の値動きです。約20年間で最高値の3分の1以下にまで下がっています。

図 13　バブル崩壊後から日本株の動き

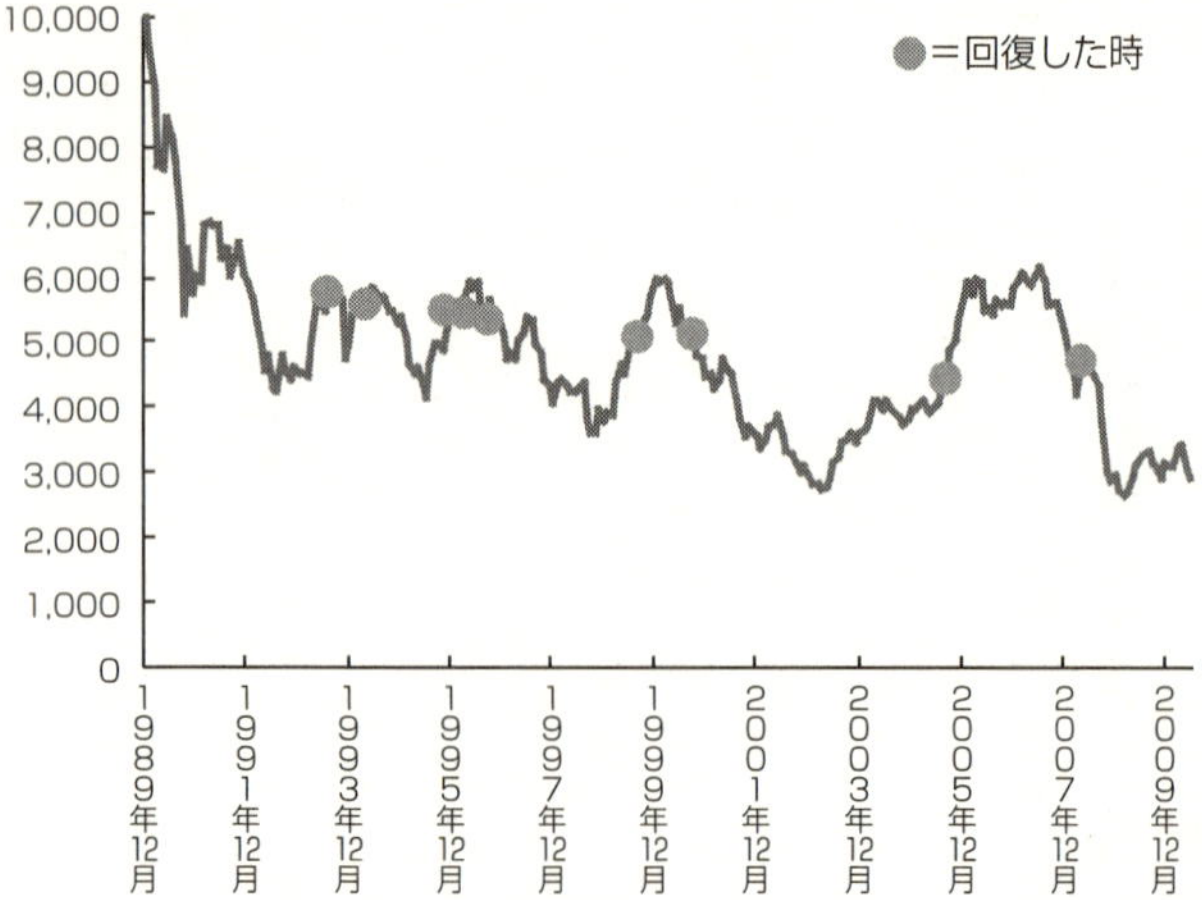

※最高値を10,000とした場合の数値　　使用指数：TOPIX

図 14　バブル崩壊後から日本株に投資した場合の比較

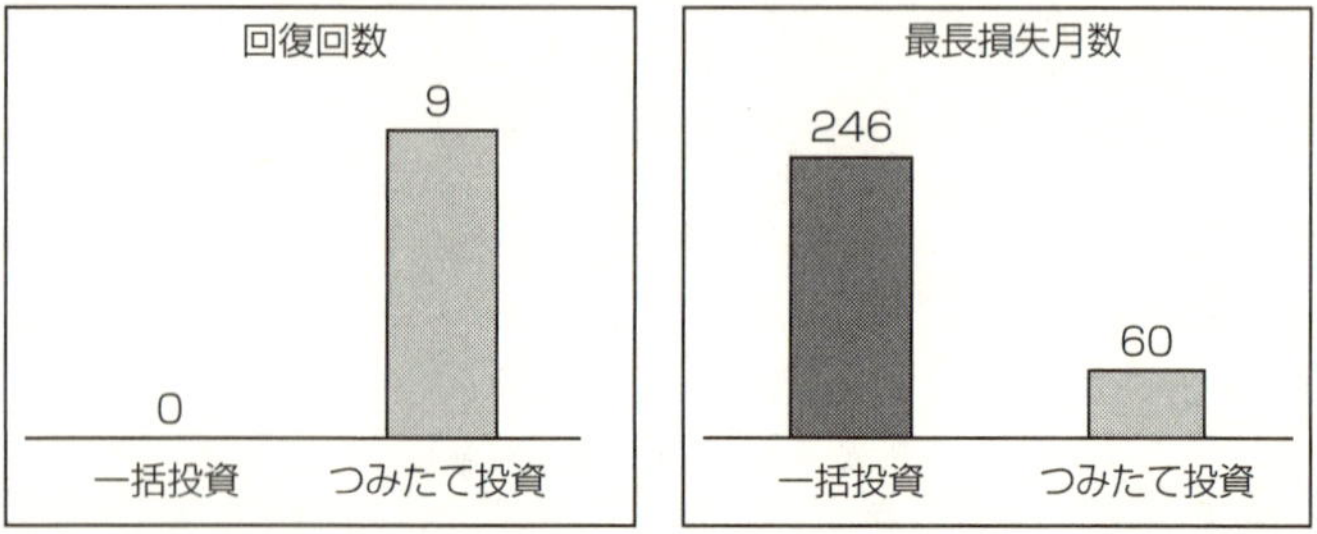

一括投資の場合、一度も回復（黒字化）しなかったが、つみたて投資は９回も回復した。一括投資の場合、246ヵ月間損をし続けた。一方、つみたて投資の場合、最長でも60ヵ月で回復した。この悪相場でも、５年間待てば回復していたことになる。

問題③：正解は①

２４６ヵ月間、毎月1万円のつみたて投資をすると２４６万円を投資することになります。仮に、最初に２４６万円をまとめて投資した場合、一度も黒字にならず、20年以上もずっと赤字のままだったわけです。一回も回復しませんでした。

一方、つみたて投資の場合、途中でなんと9回も回復し、黒字になりました。グラフで●のついている所が黒字に転換した時点です。この日本株の長期にわたる下落にもかかわらず、途中で9回も黒字になっているのです。

赤字の連続期間は最長で60ヵ月でした。長くとも5年待てば黒字に転換したのです。黒字になれば、その時点で売っても損にはなりません。こんなに右肩下がりの相場でも、黒字になるチャンスがたびたびあったのです。このように、つみたて投資には一括投資にはない「回復力」があるのです。

「儲けたい」と「損したくない」の違い

「儲けたい」気持ちと「損したくない」気持ちはまったくの別ものです。「儲けたい」気持ちは、利益を追求したいという欲なので、高い利回りがあれば満たされます。何パーセントで運用できるかという「利回り」が基準になります。高ければ評価が高く、低かったり、マイナスなら評価が低くなります。しかし、その欲を追えば追うほど「大きな損をしてしま

図 15 「儲けたい」と「損したくない」は別の気持ち

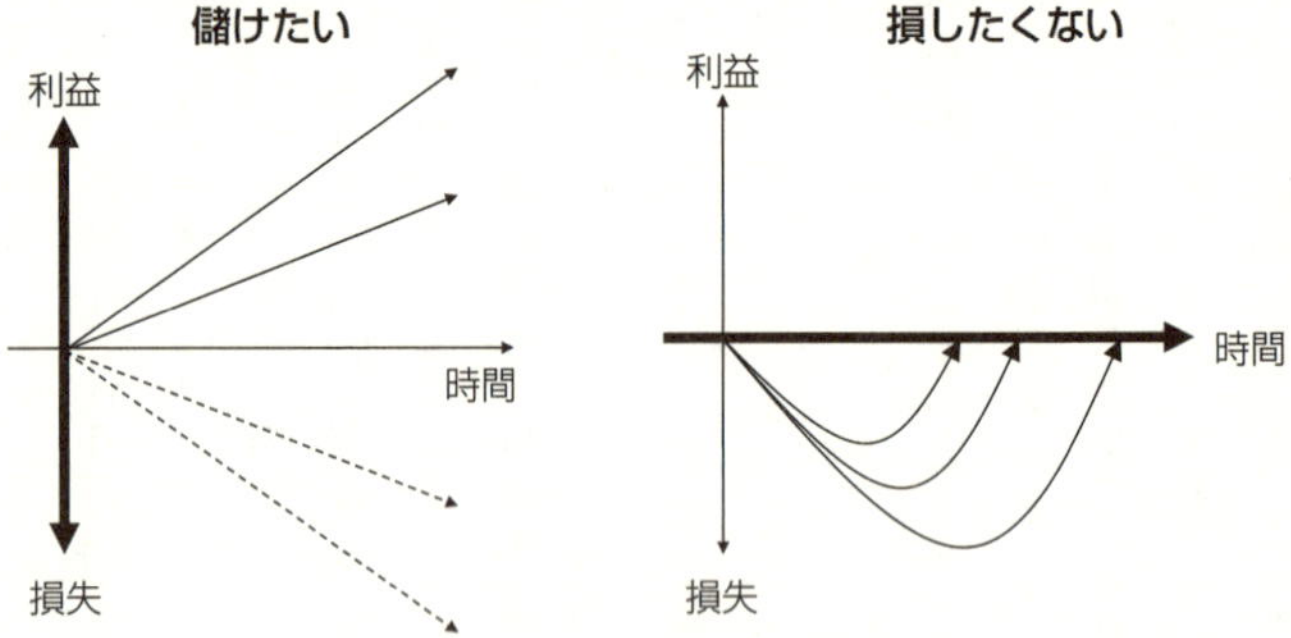

う」リスクも大きくなります。これが「儲けたいけど、損するかもしれない」というジレンマです。

一方、「損したくない」気持ちは、資産が「増える」ことより、「減らない」ことを重視します。それは、何パーセントで運用されるかという利回りより、仮に損をした場合、どの程度で回復するかという「時間」が基準になります。そして、この「損したくない」気持ちを満たしてくれるのが、つみたて投資の「回復力」です。

従来の一括投資は「儲ける」ニーズを満たしてくれます。タイミングさえ良ければ、上手に「儲ける」ことができました。しかし、それは裏を返すと、タイミングが悪ければ「損する」こともあり得るということです。

長らく日本の預貯金は、ほぼゼロ金利で推移していきます。それでも「貯蓄から投資へ」が遅々として進まないのは、「お金を増やしたい」ニーズと「損したくない」ニーズで比較した場合、後者の方が大きいからではない

図 16　価値は尺度によって変わる

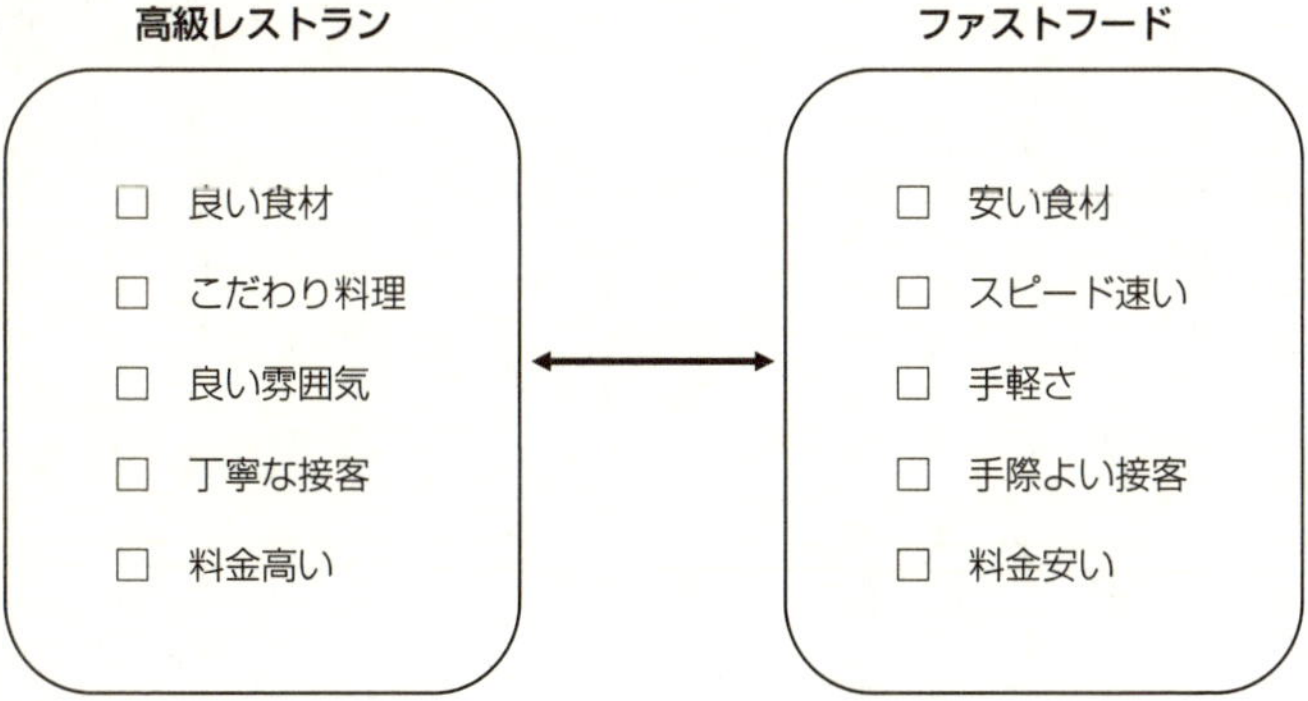

でしょうか？　おそらく、「お金を増やしたい」ニーズの方が強ければ、とっくに貯蓄から投資への動きは起こっていると思います。

日本人はバブル崩壊以降、投資での失敗経験が多いので、特に投資で「損したくない」という気持ちが強いのでしょう。その結果が、これだけ預金金利が低いのにもかかわらず、預貯金として塩漬けになっているのだと思います。

「回復するかどうか」という尺度を

新しい尺度で物事を捉えると、その評価は変わります。

飲食店の良し悪しを決める尺度は、「料理の美味《おい》しさ」だけではありません。料理を出す「速度」で考えれば、一から手作りでハンバーグを作るレストランより、ファストフードのハンバーガーショップの方が評価は高くなります。

投資も同じです。投資は「いかに儲けるか」という「利益」の尺度だけではありません。「いかに損から回復しやすいか」「いかに損の期間を短くできるか」の「安心感」の尺度もあります。

「儲けたい」ニーズを満たしてくれるのは「一括投資」です。しかしその裏には常に、求める利益に応じて「損するリスク」を抱えています。これが「投資家のジレンマ」です。

一方、「損したくない」ニーズを満たしてくれるのは「つみたて投資」です。それは、ハングリーに利益を求めるというよりは、失敗したくない人のための無難な投資法です。私は本書で、この「安心感」の尺度を伝えたいと思います。

【つみたて投資人生論②　失敗しても立ち直ればいい】

失敗は成功のもとです。失敗するから人は学び、成長します。失敗した後に、反省して立ち直るのが大切です。いつまでもグチグチしていたら、ムダな時間ばかり過ぎていきます。

投資も同じです。下がれば損します。ですが、下がったものは仕方ないので、そこから素早く回復するのが大切です。

人生も投資も「回復力」が重要です。「つみたて投資」は人生に通じます。

第3章　「リバウンド」効果

～下がった後に戻ればリターンが得られる

図 17　元に戻っただけ

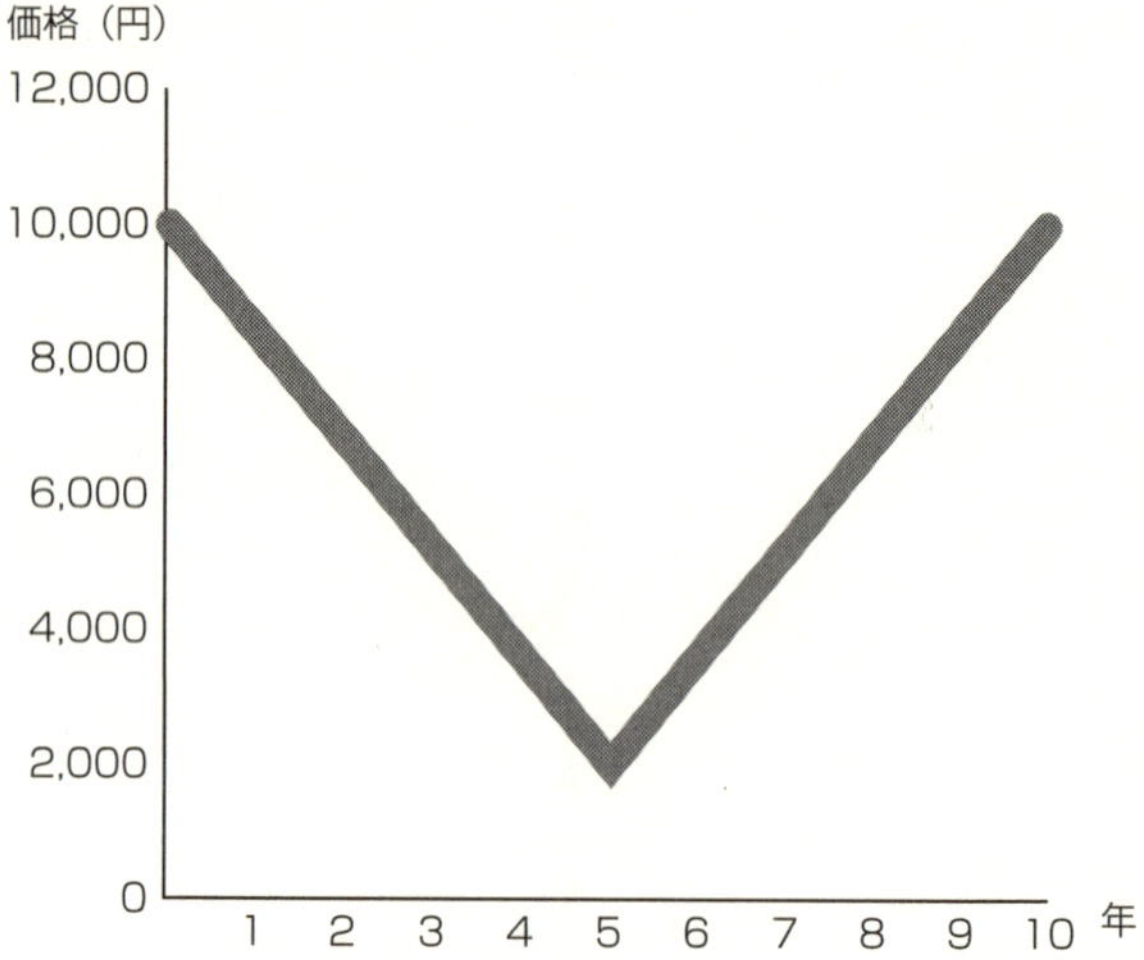

元に戻っただけで

次は、値下がりから元に戻った時にどうなるか考えてみましょう。

問題④

【値動き】

スタート時の価格は1万円。5年後、2000円まで下落。10年後、1万円まで回復。スタート時と同じ金額に戻っただけです。毎月1万円のつみたて投資の場合、総投資金額は120万円。果たして結果は？

次の3つの中から選んでください。

①約150万円

②約196万円

③約241万円
（答えはP44の下をご覧ください）

元に戻っただけで投資金額の2倍以上になりました。これがつみたて投資の特徴「リバウンド効果」です。通常、一回で投資をしていたら、10年かけてトントンです。10年かけて、嫌な思いしかしない最悪の資産運用です。しかし、つみたて投資の場合、このような結果になりました。

値下がり＝未来への投資

通常の一括投資だと、値下がりは単に「耐える」時間です。それは「待ち」のスタンスです。一方、つみたて投資の場合、それは将来への「投資」の時間になります。「攻め」のスタンスです。

この気持ちの捉え方の違いは重要です。人間は、何かこれから訪れる苦悩がある場合、そのイベント自体も確かに苦痛なのですが、それまでの期間を苦痛に感じます。たとえば、受験勉強や試験勉強です。試験自体も大変なのですが、そこまでの時間を苦しく感じてしまうのです。ふと時間ができた時に、「落ちたらどうしよう」とか、余計なことを考えてしまい

図 18　投資手法によって値下がりの意味は異なる

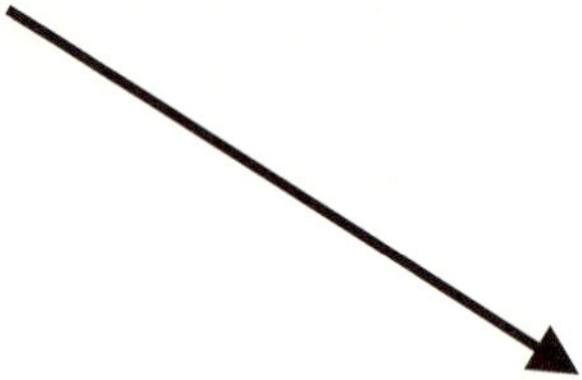

一括投資	我慢・辛抱の時間＝辛い	ネガティブ
つみたて投資	成長するための時間＝楽しい♪	ポジティブ

ます。

投資も同じです。何か悪いイベントが起きてマーケットが下がると、マスコミが扇動的な情報を流しがちであり、大衆心理は一気に弱気に傾きやすくなります。そうすると投資家は底が見えない中、「もう戻らないのではないか？」「いつまで下がるんだろう？」と、どんどん不安ばかりが膨らみます。投資家はこのように、下がっている時間を非常に苦痛に感じるのです。

その点、つみたて投資は、値下がりをプラスに捉え、その幅が大きいほど将来の成果を楽しみにすることができます。

つみたて投資は「往なし」の投資術

日本には「往《い》なし」という術がありま

問題④：正解は③

す。相撲ではよく「右から左に往なす」と使われますが、相手が突進してくるのをかわして、相手の姿勢を崩すことです。それは、相手に力対力の衝突を挑むのではなく、相手の力を利用しながら自分に有利な状況をつくるノウハウです。他にも古武道の世界には、相手の力を利用して投げる技や、打撃をするにも相手の勢いを利用して最小限の力で倒す技があります。

これらは相手と対立し、力の勝負をするのでなく、相手の動きを受け入れて、変化しながら調和し、最終的に有利な体勢に持ち込むことを目指しています。

つみたて投資はその点、マーケットを「往なす」投資術と言えるでしょう。タイミングを見計らって買い挑んだり、売り逃げたりするのでなく、市場の値動きを受け入れ、その局面に応じた口数を買い込んでいく選択をする、極めて調和的な投資手法です。

つみたて投資は、マーケットの転換点を予測し続けるのではなく、その変動を受け入れる投資術です。積極的に市場をコントロールしようとする発想ではなく、その変化を受け入れて、相場の動きと調和しようとする、極めて日本的な考えがベースにあります。

それは、狩猟民族としてその日の獲物を狙うのではなく、農耕民族として台風などに晒《さら》されながらも、繰り返される時間の中でコツコツ作物を育ててきた日本人のＤＮＡが素直に受け入れやすい投資術なのです。

つみたて投資と麦踏み

日本には「麦踏み」という独自の文化があります。茎の細い麦は雨に打たれると、倒れて腐敗しやすくなります。これを未然に防ぐために踏むのです。麦は踏まれると、茎が裂け、エチレンを生成し、このエチレンが茎を肥大化させ、より逞《たくま》しくなります。梅雨に収穫期を迎える気候風土から生まれた先人の知恵です。

理屈は、筋肉トレーニングと同じです。トレーニングで傷ついた筋繊維は、以前より少しだけ強く回復しようとします。これを超回復と呼びます。この積み重ねで筋肉は隆起していきます。麦踏みは、麦の筋トレとも言えます。

つみたて投資も似ています。マーケットに踏まれることで、強くなるのです。一般的に受難の時とされる下落局面が、果実を熟成させるプロセスに変わります。踏まれた麦は、茎が無数に裂け、より逞しくなります。つみたて投資では、下落局面で多めの口数を買い込みます。全てが後々意味を持ってくるのです。若干、遅効性はありますが、つみたて投資は、相場の下落を利用しながら、自分の成長につなげる投資なのです。

長いトンネルほど、抜けた時の景色は変わります。その先には、これまでとまったく違う景色が広がっているはずです。つみたて投資家にとって、値下がりの期間は新たなステージにステップアップするための「ワクワクする」時間になるでしょう。

【つみたて投資人生論③　しゃがんだ方が高く飛べる】

人がいちばん成長するのは、悔しい思いや苦しい経験をした後ではないでしょうか？　涙が止まらないほどの悔しさや、許しがたい憤りを感じた時にこそ、頑張る力が湧いてくると思います。やはり、成長や飛躍のためには、悔しさや苦しみは必要なのでしょう。

一度、しゃがんだ方が高く飛べるのです。「つみたて投資」は人生に通じます。

花の咲かない寒い日は　下へ下へと根を生やせ　いずれ大きな花が咲く

高橋尚子

第4章　「ストレス抑制」効果

～上がっても下がってもストレスが抑えられる

図19　10年で2倍に上昇したら

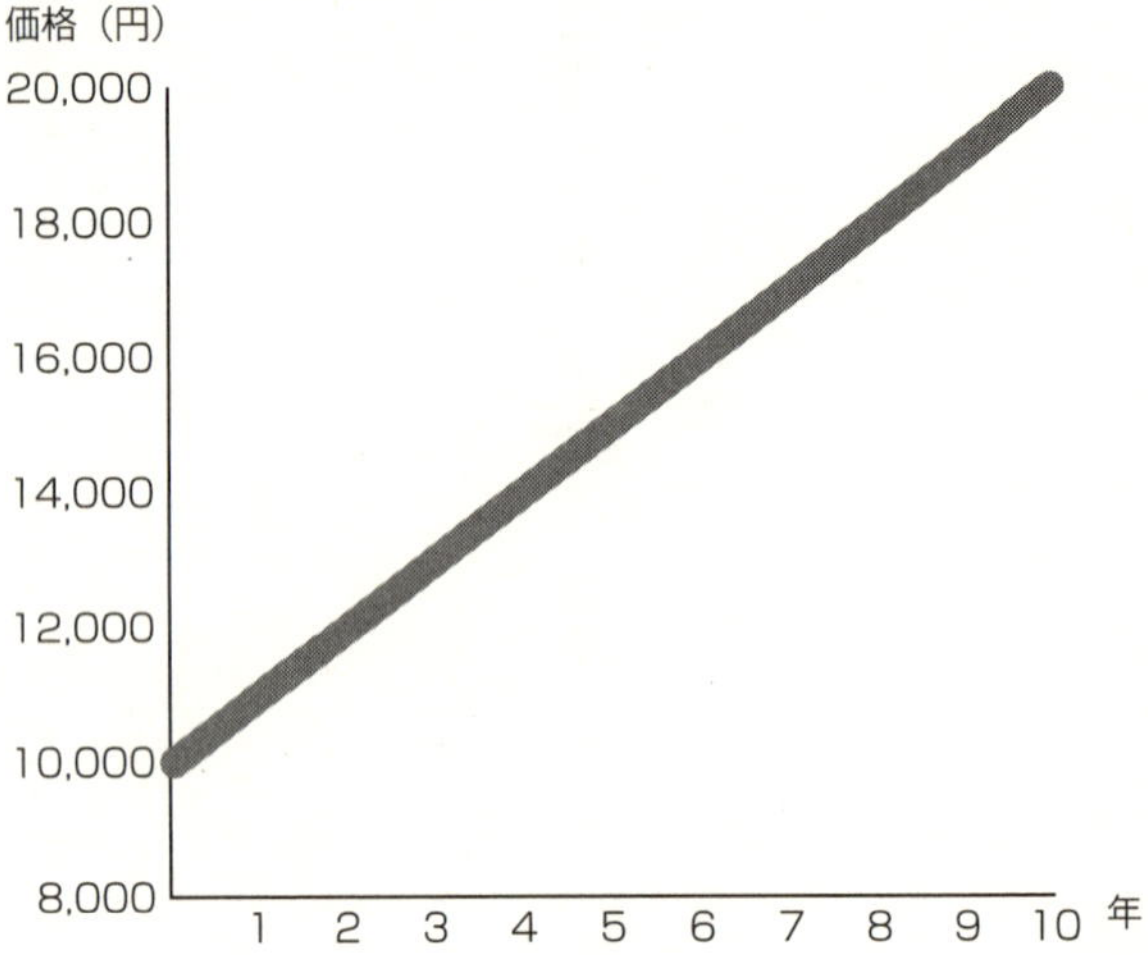

2倍に上昇したら

今まで、値下がりするパターンばかり見てきたので、次は値上がりするケースを見てみましょう。

問題⑤

毎月1万円ずつつみたて投資すると、1年間で12万円、10年間の投資金額は合計120万円になります。上の図の値動きをする金融商品に毎月1万円ずつ10年間つみたて投資をした場合、10年後、120万円はいくらになるでしょうか？　次の3つの中から選んでください。

①約108・3万円

②約166・9万円
③約196・1万円
（答えはP52の下をご覧ください）

いかがでしょうか。一回で投資していた場合は2倍（＋100％）の240万円ですから、最初にまとめて一括投資した場合に比べて、利益は少なくなっています。理由は価格が高いところでも買っていくため、買える口数が減ってしまうからです。それでも値動きのないものに積み立てるよりは良い成果が得られました。

もう一度投資の評価の式を確認しておきましょう。

「投資の評価」＝「口数」（A）×「商品の価格」（B）

右肩上がりで上昇する商品につみたて投資をしていくと、買える口数（A）が少なくなるので、一回でまとめて投資する場合に比べて、評価は低くなってしまいます。

このように、右肩上がりで上昇していく商品をつみたて投資していく場合、一括投資に比べると、あまり投資効率は高くありません。

図 20　上がって下がると

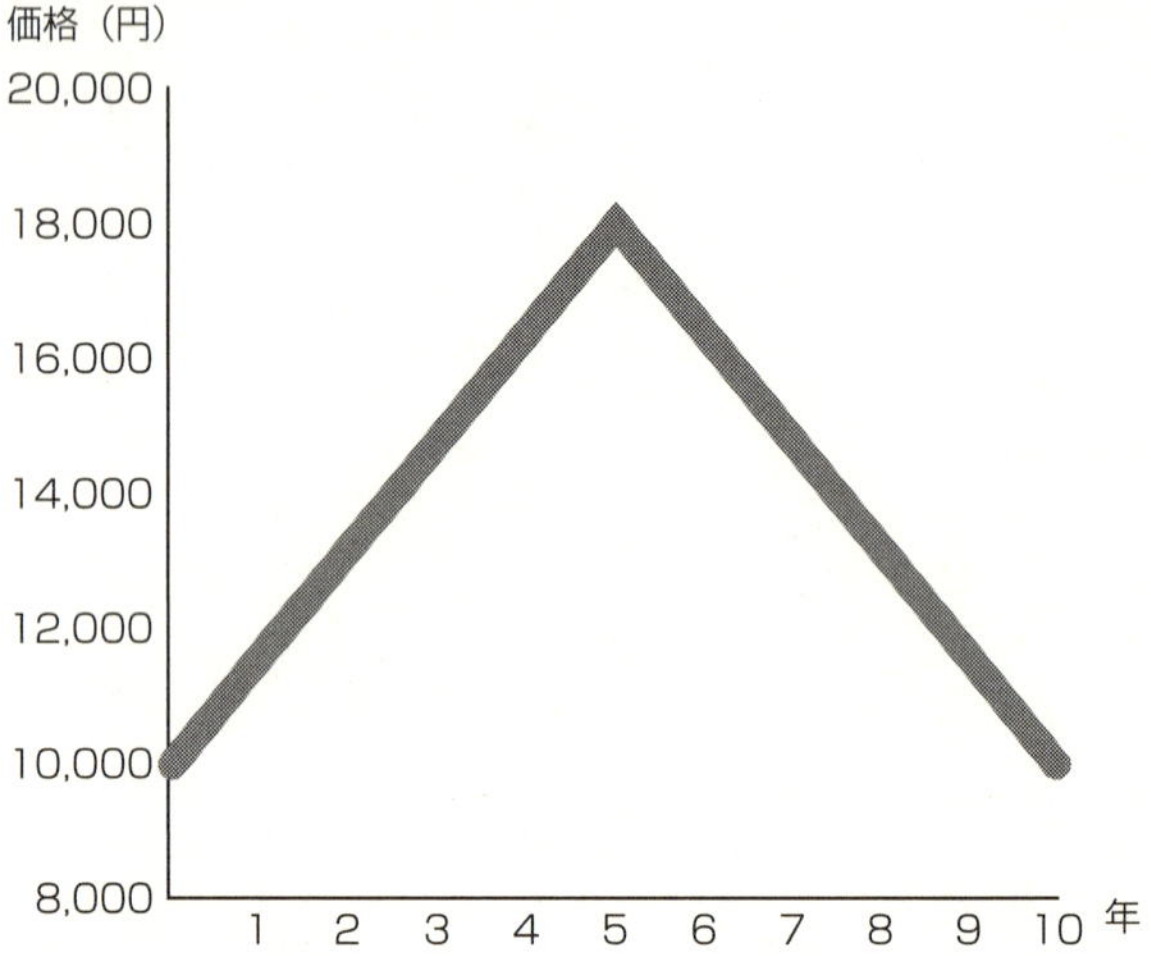

ただ、金利0%のもの（たとえばタンス預金）に積み立てした場合は10年後も120万円ですから、それよりは良かったです。

つまり、つみたて投資は単純に右肩上がりで上昇する商品の場合、一括投資に比べれば投資効率は落ちるものの、タンス預金に置いておくよりは、効率良く運用ができます。

元に戻ると

問題⑥

毎月1万円ずつつみたて投資すると、1年間で12万円、10年間の投資金額は合計120万円になります。上の図の値動きをする金融商品に、毎月1万円ずつ10年間つみ

問題⑤：正解は②

図21　値下がりは将来成長するため

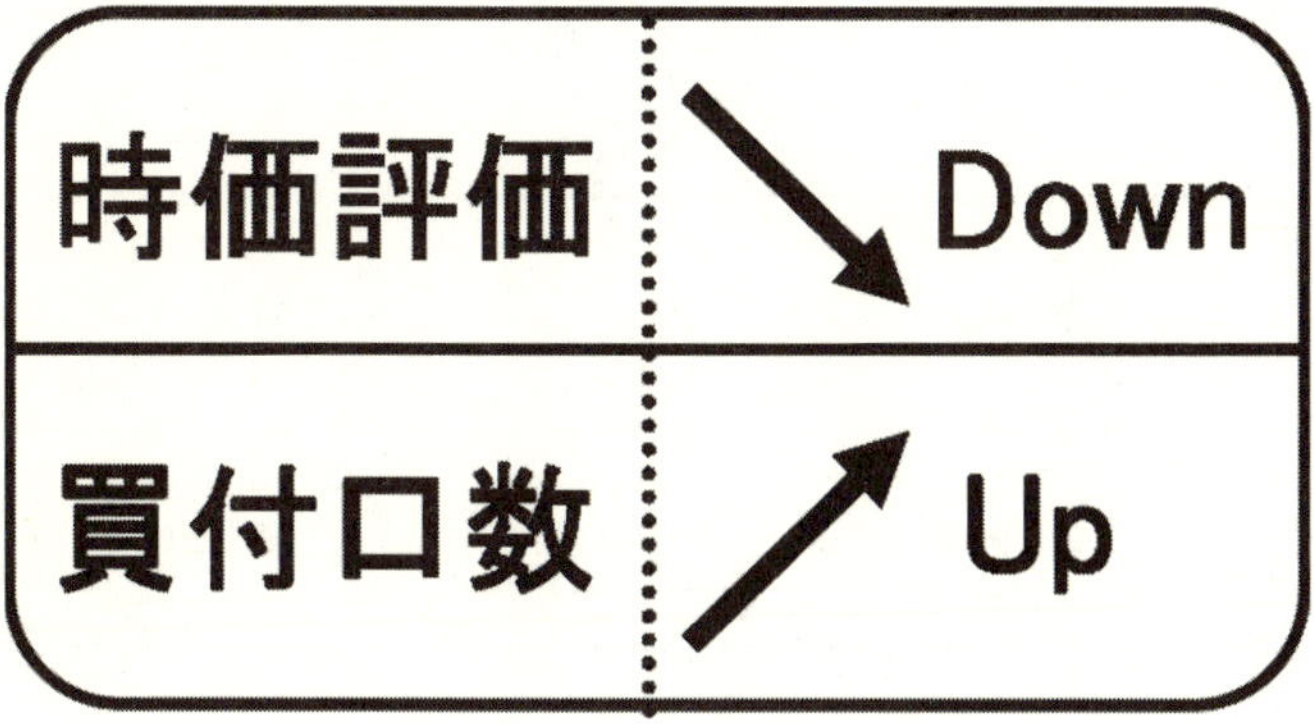

たて投資をした場合、10年後、１２０万円はいくらになるでしょうか？　次の３つの中から選んでください。

①約59・３万円
②約88・２万円
③約１０２・１万円
（答えはＰ54の下をご覧ください）

今回は残念ながら、赤字になってしまいました。つみたて投資の評価は、値上がり後の値下がりに弱いのです。

しかし、先ほどまで説明してきたことですが、つみたて投資家にとって値下がりとはどういう意味を持っていたでしょうか？　そうです。口数を買い込む時期ですね。値下がりすることで口数を買い込む

図22　ストレスが減る投資法

	値上がり	値下がり
一括投資	ハラハラ	ハラハラ
つみたて投資	らくらく	らくらく

チャンスになるのです。問題⑥のパターンは、その時点の評価は赤字ですが、問題⑤に比べて、買えた口数は多くなっています。

つまり、もし10年目以降もつみたて投資を続けるなら、10年目の時点での優劣がゴールではありません。

言い方を換えると、つみたて投資の場合、上昇後に値下がりすると、確かに評価は下がりますが、将来のための投資と考えたら、それはメリットになるのです。重要なのはいつまで続けるかという期間になります。

つみたて投資はストレスが減る投資

つみたて投資の場合、商品の価格が上がってもストレスは感じません。買える口数は減りますが、評価が高くなるからです。

下がる時期は「口数を買い込むチャンス」になり、反転すればすぐに回復する期待が持てるので、「下がった

問題⑥：正解は②

らどうしよう」という精神的なストレスが抑えられます。

一括投資はそうはいきません。上昇している時は「そろそろ下がるかもしれない」という不安があります。下がっている時は「いつまで下がるかわからない」という不安と背中合わせです。また、下がった後は「戻るまで待つしかない」という忍耐や、戻ったとしても「もう下げは嫌だ」という思いから逃れるのは難しいのです。

投資家の8割は成功していない

面白い調査結果があります。

アライアンス・バーンスタインという運用会社が、世界で資産運用をしている人に「あなたは、資産運用に成功していますか？」と聞いたところ、なんと10人に8人は、「資産運用に成功していない」と答えました。しかも、日本より、運用に積極的に取り組んでいる国の人たちがそう考えているのです。

たとえば、アメリカ。預金はほとんどせず、運用に積極的な人が多いことで有名な国ですが、70％以上の人が「自分は成功していない」と考えています。ちなみに、調査は2006年に行われました。

この時期は全世界同時株高で、どの国も株価が上がっていました。市況環境が絶好調の時

図 23　「資産運用に成功していない」と答えた割合比較

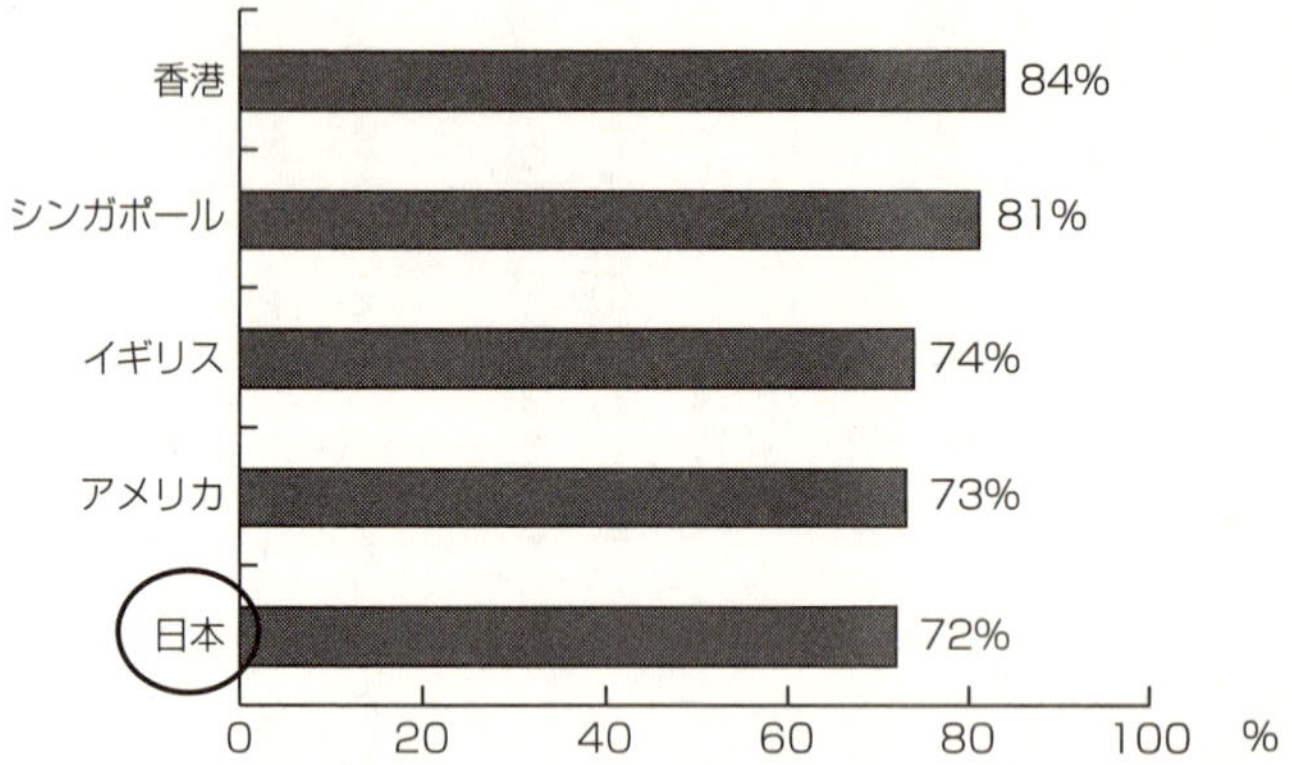

資料：AllianceBernstein

期でこの結果です。日本だけならまだしも、全世界でこの数字だとは驚きです。結局、世界中の投資家は、大幅な相場上昇を取り逃がしてしまったのでしょうか？　この原因はなんだと思いますか？

この調査で明らかなのは、投資家はたとえマーケットが上昇していても利益をあまり得ていないということです。

マーケットが値上がりしている時は、特別な技術など必要なく、金融商品を持っているだけでいいはずです。それでもほとんどの人が「自分は失敗した」と思っているのです。

その理由は損に敏感な投資家が途中で売ってしまっているからだと思います。

一括投資の場合、少し上昇して利益が出ると、一度利益を確定してしまいたいという

「欲」が芽生えます。「そろそろ下がってしまうのではないか」と思い、売ってしまいがちなのです。

一度売ってしまうと、その後さらに価格が上昇した時に、再度投資するのは非常に勇気がいります。以前、自分が売却した価格以上で買いにいくので、ハラハラするでしょう。ですから、その後の上昇局面で利益を取り逃がしてしまう方が多いのです。

このように、一括投資の場合は上昇しても「不安」を感じてしまいます。また、下がっても「不安」を感じます。つまり、上昇時でも下落時でも常に「下がる不安」やストレスを感じてしまうのです。

その点、つみたて投資は、上がっても下がってもさほど気にせず続けられ、ストレスから解放される非常に楽な投資と言えます。

私たちは、普段の生活でいろいろ買い物をします。その時に、自分に「ストレス」であったり、「不安」になるようなものは買わないでしょう。自分に似合わない洋服や、嫌いな食材を好き好《この》んで買う人はいないでしょう。

職場選びも同じです。給料が高くても、仕事のプレッシャーでストレス漬けの会社と、給料はほどほどだけれども、職場の居心地が良い会社では、どちらを選びますか？　価値観次第ですが、ほとんどの方は、お給料だけでは職場を選ばないのではないでしょうか？

投資も同じです。「儲かる・損する」というのは、一部の慣れている人を除いて、大きな「精神的ストレス」がかかるのです。預金として置いておくだけでは嫌かもしれませんが、かといって、投資で受ける「精神的ストレス」はもっと嫌なのでしょう。

相場の上下に一喜一憂しないで済む「ストレス抑制効果」は、通常の投資にはない、つみたて投資の大きな魅力です。

資産運用は精神のラビリンス

投資は「迷宮」（ラビリンス）に似ています。迷宮は、閉じ込められているという「閉塞《へいそく》感」と、出口はあるという「開放感」の真逆の側面を持ちます。すんなり脱出できては迷宮ではありませんし、出口がないのは単なる密室です。閉塞感と開放感が共存しているから迷宮なのです。

なぜ投資は迷宮なのでしょうか？　投資には、「そろそろ下がるかもしれない」「損をするかもしれない」等の閉塞感がつきまといます。

一方、「成功している人はいる」「自分も勉強すればできるかもしれない」といった、開放感もあります。誰でもできそうで、誰もが失敗しがち。不測と予測、思惑と誘惑が混在する投資は、まさに迷宮と呼べるでしょう。

私の感想は、投資に慣れていない方の多くはこの運用迷宮に入り込み、立ち往生をしてしまっているということです。希望を持って足を踏み入れてみたものの、バブル崩壊、ITバブル崩壊、サブプライムショック、リーマンショック、そこに畳み掛けるような悲観的・扇動的な情報、悲痛な叫びをあげる投資失敗者の経験談等に戸惑いを隠しきれていません。

中には、運用で傷つき、「預金国」に逆戻りしてしまった方々もいらっしゃいます。このような方々にお会いするたびに、「なんとかして、安心して取り組めるつみたて投資の考え方を伝えたい」と感じました。

迷宮は、出口に着くと迷宮ではなくなります。外に出ればただの「お城」です。私は、つみたて投資の特徴を説明することで、一人でも多くの方が不安や思惑に満ちた投資迷宮から脱出できるよう、お手伝いをしたいと思います。

【つみたて投資人生論④　いろいろな尺度がある】

皆さんは、恋人や結婚相手をどのように選びますか？　相手のお給料だけで選ぶ人はほとんどいないでしょう。相手との相性、フィーリング、価値観の方が大切と思う方も多いと思います。

投資も利益だけがすべてではありません。やりやすかったり、楽しかったり、いろいろな尺度があっていいと思います。つみたて投資は一括投資に比べて、必ずしも投資効率がよいとは限りません。ただ、ストレスが少なく抜群の「安心感」があります。「つみたて投資」は人生に通じます。

第5章　「タイミング・フリー」効果

～始めるタイミングに悩まない

図24　最も成績が良かったスタート時点は？

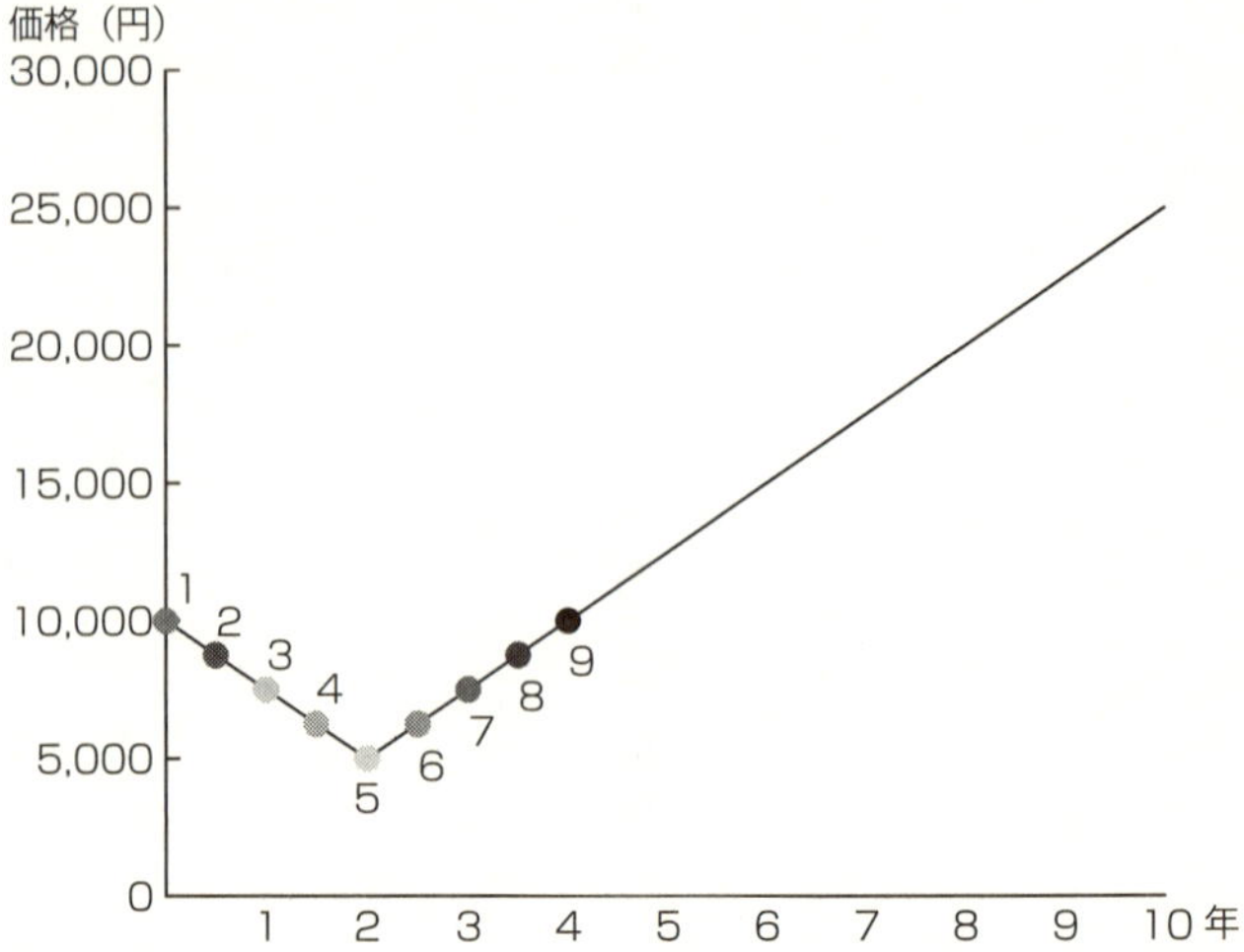

タイミングは計らないでよい

これから投資を始める方の大きな悩みが、「投資タイミング」ではないでしょうか？　上昇している商品を見ると、「そろそろ下がるかも」と思ってしまい、下がっている商品を見ると「まだ下がるかも」と感じ、いつ投資すべきかに非常に悩むと思います。

その点、つみたて投資は気軽です。なぜなら、スタートのタイミングに悩まないでよいからです。

問題⑦
上の図のような値動きをする金融商品があります。チャートは10年後までしか出ていませんが、その後も同じ傾きで上昇し続けるとします。半年ごとにスタート時期をずらしながら、10年間のつみたて投資を行ったとした場合、最も投資の成績が良かったスタート時点は左から何番目の●印でしょうか？（答えはP64の下をご覧ください）

$\frac{1}{120}$ VS. 1

通常、投資は「安いところから始めた方がよい」というイメージがあります。確かに、一回ですべて投資する人は「スタートのタイミング」が非常に重要です。一回で投資するため、口数はその後変化しません。価格だけですべてが決まります。俗に言う「安く買って高く売る」世界です。

しかし、つみたて投資の場合、そうではありません。始めた後の値動き次第なので、どこがベストタイミングかは事後的にしかわからないのです。

つみたて投資の場合、スタートするタイミングを計らなくても大丈夫です。なぜなら、スタート時点とは、「積み立てる回数分の1」のインパクトしかないからです。たとえば、10年間のつみたて投資を行う場合、1年間で12回、10年間で120回の投資タイミングが来ます。スタートのタイミングとは、その120回ある買い付け時期の「たったの1回」でしかないのです。

それは、投資の成果を決める要素の1%未満にすぎません。ですから、つみたて投資の場合、スタートのタイミングを気にする意味はないのです。

もう一問、解いてみましょう。

問題⑧

左ページのグラフの値動きをする金融商品で、今度は1年ごとにスタート時期をずらし、それぞれ10年間のつみたて投資をします。左から何番目の●印からスタートするのが最も成績がよかったでしょうか？　（答えはP65の下をご覧ください）

先ほどは下がり始めた所に近かったのですが、今度は底値に近い所でした。

つみたて投資の場合、必ずしも底値で始めればいいというものでもなく、逆に高値で始めたからいいというものでもありません。結局、スタートした後の値動き次第で、購入できる口数が変わるため、成果も変わります。それは、将来振り返って初めてわかることです。つまり、スタートするタイミングに悩まないでもよい投資なのです。悩んだところでその答え

問題⑦：正解は「2番目」（2、3、1、4、5、6、7、8、9の順）

図25　何番目の●印からスタートするのが最もよかったでしょうか？

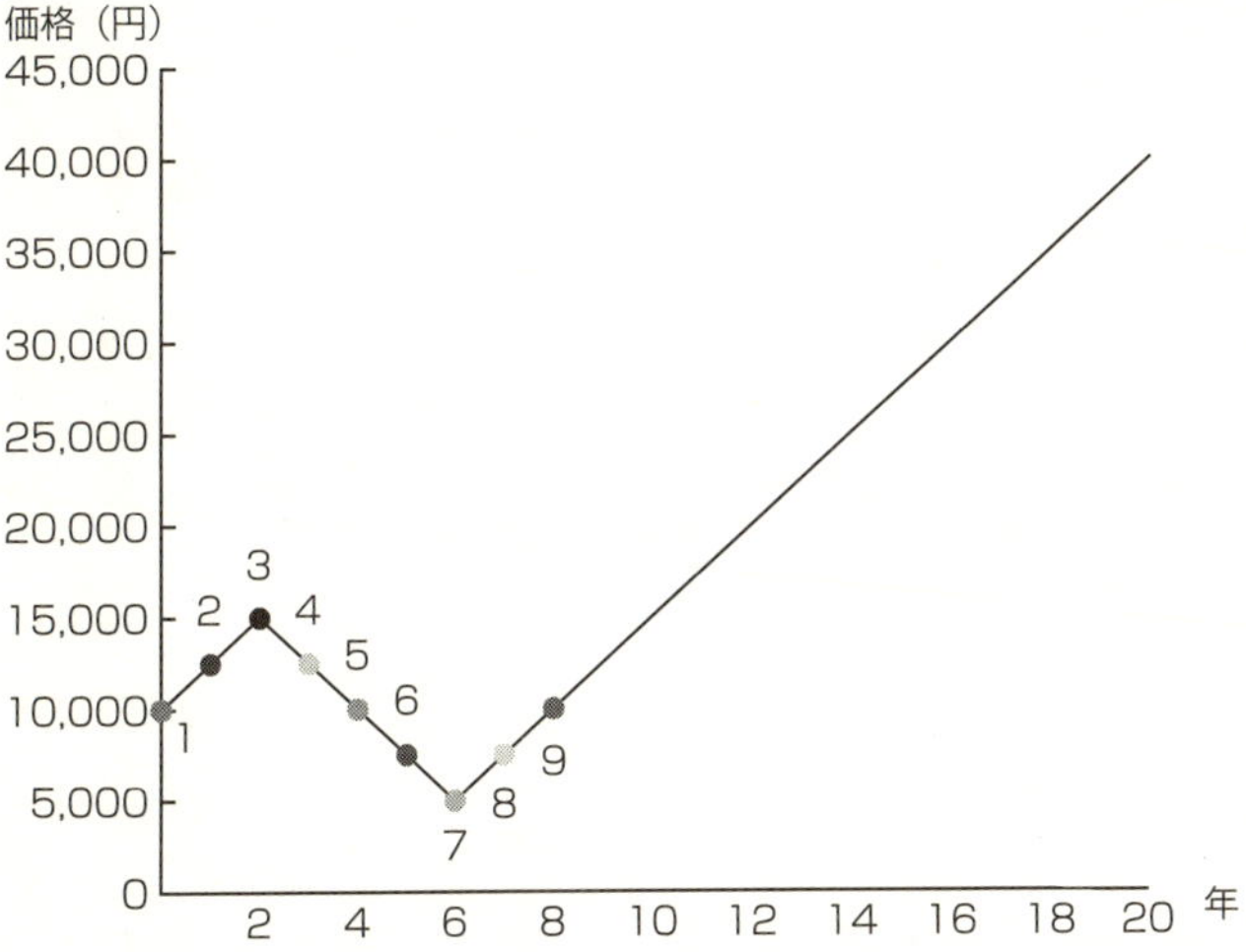

は、スタート時点では絶対にわからないでしょう。

スタート時に買う口数は、「つみたて回数分の1」のインパクトしかないので、そんなに気にしなくて大丈夫です。その後の値動きまでを読み切るのは不可能ですし、それならさっさと始めて、どんどん口数を貯めていった方が得策です。つみたて投資は「スタートするタイミングが早ければ早いほどよい投資」なのです。

始める時は恐怖を感じている

読者の皆さんは、過去右肩上がりで上昇してきていた金融商品を見て、このまま上昇していくと思いますか？

人間は、何か物事を始める前には、良い

問題⑧：正解は「6番目」（6、5、4、7、3、8、2、9、1の順）

ことが起こると考えるよりも、自分には「悪いことが起こるのでは？」と考えてしまうものです。これを「短期的悲観」と言います。何かにチャレンジする際も、なかなかできないのは、そこで得られるリターンより、失敗した時の損失を必要以上に見積もってしまうからです。たとえば、転職・起業・告白などに際しても成功した時に得られるものより、失敗した時のリスクを必要以上に大きく見積もってしまうと言われています。

これは投資を始める時にも当てはまります。投資を始める時、どうしても「短期的悲観」が働き、躊躇《ちゅうちょ》してしまうのです。いくら過去の実績を見せられても、脳は悲観的な見方をしてしまうのです。

金融機関のセールス担当者はよく「過去○％で運用された」などの「過去の実績」を謳《うた》いますが、これでは「短期的悲観」は解消されません。過去の実績は、「短期的悲観」を助長するだけで、不安解消には役立ちません。

面白い調査があります。日本経済新聞が毎年年初に「今年の日経平均の年間最高値と最安値はいつ頃か」という質問を、有力経営者20人に聞いています。１９８５年から２００７年の22年間で、回答者の過半数が「年前半に最高値」と答えた年は一度もありませんでした。

この間、円高不況、バブル景気、バブル崩壊、金融危機、ＩＴバブル、デフレ経済など、景気の局面は刻々と変わり、日経平均株価も４万円目前から、８０００円割れまで大きく振

図26　過去の値動きを見ても、始める時は怖い

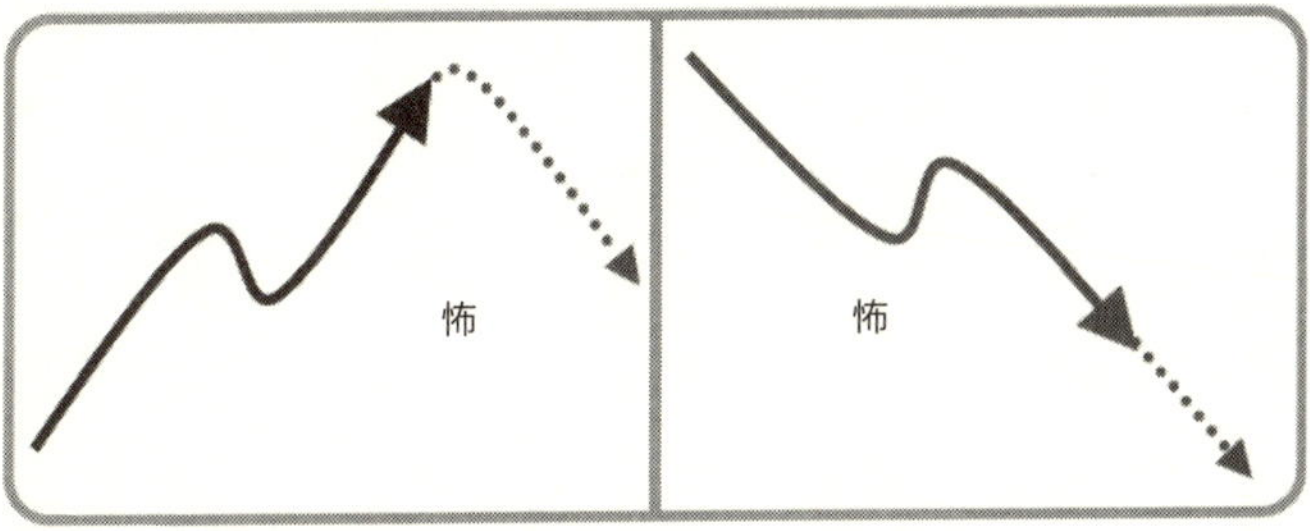

れています。それでも全ての年で、過半数の有力経営者は「年後半に最高値」と回答しているのです。

ところが、実際に「年後半に最高値」をつけたのはたったの9回でした。人間の心理は「目先はしんどいだろうが、後で良くなる」と思うようにできているそうです。その点、つみたて投資は、始める時でも「下がっても大丈夫」という安心感がある投資なのです。

一点だけ注意点があります。つみたて投資は始めるタイミングは重要ではありませんが、終わりのタイミングは非常に重要です。次ページの図27をご覧ください。

これは9年目までは同じ値動きで、最後の1年間で値動きが変わる3種類の商品を示しています。この場合、プロセスはほぼ同じですが、最後の価格が異なるだけで、成果がかなり変わってしまいます。

各商品の終値と、つみたて投資をした場合の最終成績は次のようになります。

図27　終わりは大切

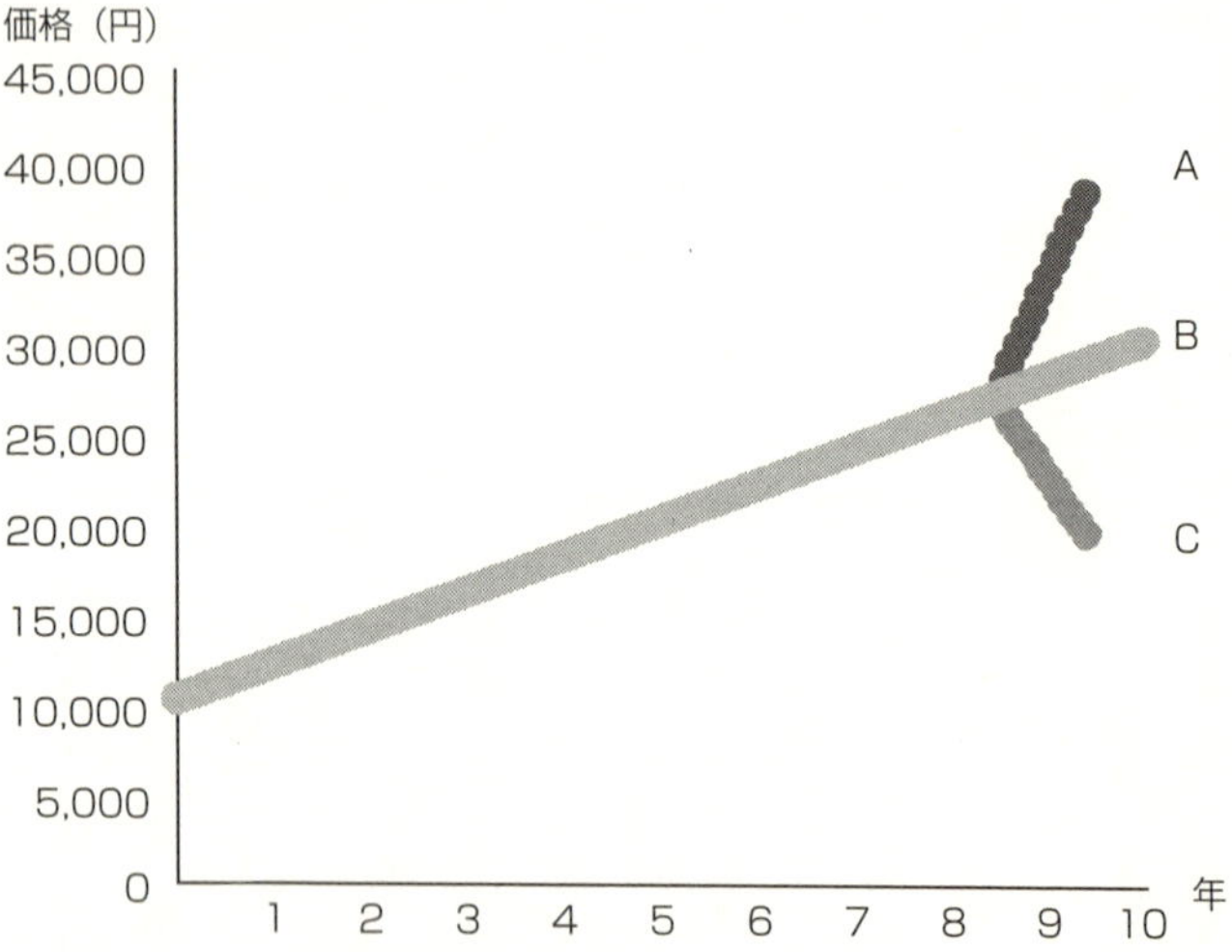

A：終値4万円、投資成績262・8万円（＋119・1％）
B：終値3万円、投資成績198・7万円（＋65・6％）
C：終値2万円、投資成績134・1万円（＋11・8％）

AとCでは、スタートの価格が同じで、プロセスもほぼ同じですが、終値が異なるだけで、約130万円（収益率で約108％）も異なりました。

理由は、終値は、それまで買い込んできた口数すべてに影響を与えるからです。ですから、つみたて投資は始めるタイミングはあまり慎重になる必要はありませんが、終わりのタイミングには気をつけましょう。

しかし、その終わる時の価格は将来になるまでわかりません。最後の大暴落を回避する対応策としては、たとえば目標金額を設定しておいて、それを達成した時点で手仕舞う方法や、ある程度積み立てて、成果が出てきたら債券などの安定的な商品にシフトする「資産配分の見直し」、あるいは定期的な取りくずし等が考えられます。つみたて投資は、始めるタイミングはあまり考えないでもいいですが、終わりのタイミングは重要になることを覚えておきましょう。

「今」を大事にするつみたて投資

つみたて投資の魅力は、あまり値動きに気を取られないで済むことだと思います。本来やるべき「仕事」に集中できます。

これから資産を作ろうと考えている方にとって、最高の投資は「自己投資」です。特に若い人はお金がない分、「時間」という資産を持っていますので、それを最大限に活用し、様々なことに挑戦するのが、最も収入アップにつながるでしょう。

ですから、投資を始めるタイミングや投資後の値動きに気を取られて仕事に集中できないことは、最も避けなければならないことです。投資は、少なからず利益を求める行為と言えるのですが、投資をすることで本業がおろそかになっては本末転倒です。優先すべきこと

図28　資産形成層は自己投資に全力投球しよう

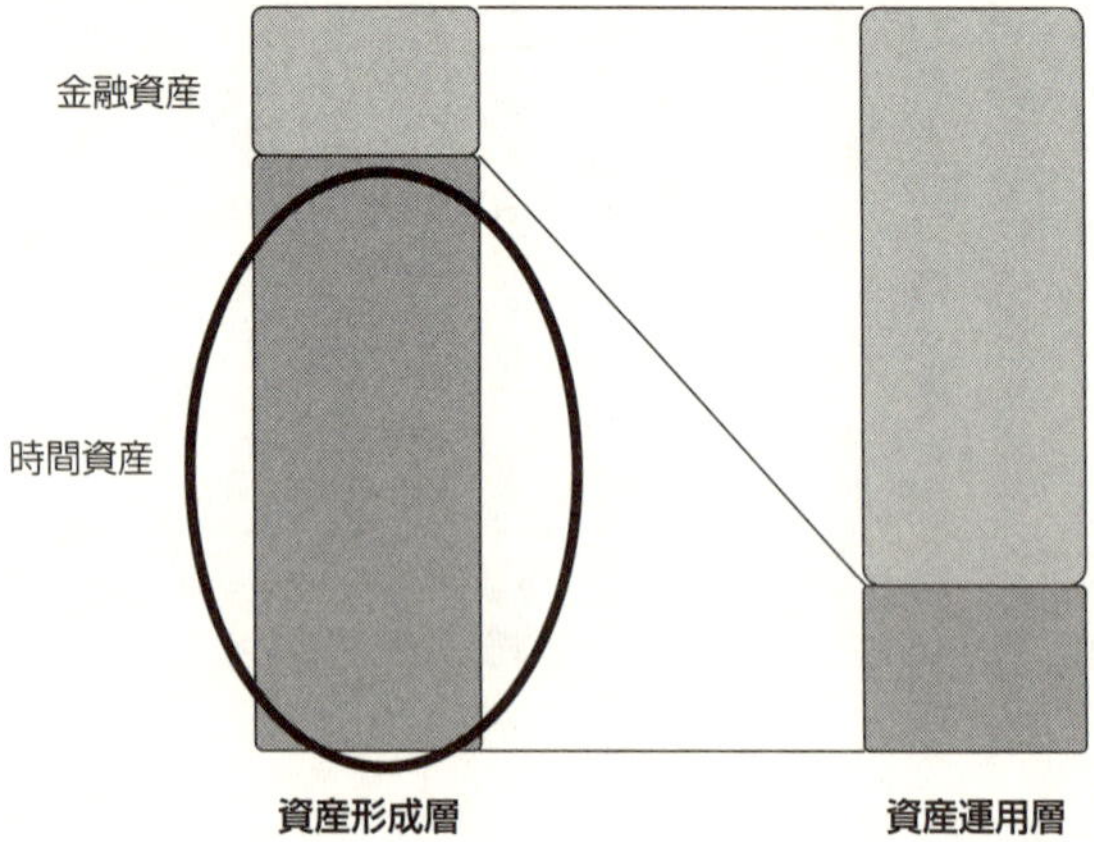

は、まず本業や自己投資だと思います。

変えることができない「過去」や、どうなるかわからない「未来」に気を取られ過ぎず、「今」に集中し、最大限努力するのが大切です。その点、つみたて投資は特にスタートのタイミングや細かい値動きに悩まなくて済むので、非常に簡単です。一度セットすれば、あとは自動的に続けてくれます。

頑張ってもなかなか給料が増えず、負担ばかりが増える時代、時間を味方にするつみたて投資は、資産形成を補う効果が期待できます。今の仕事をしっかりするのは前提で、その補完として投資を考えてもらいたいと思います。

私の知人で、30年前から、毎月5万円ずつ投資信託につみたてをしていた方がいます。たまたまサブプライムショック前に解約したとこ

図 29　変えることのできない過去、わからない未来

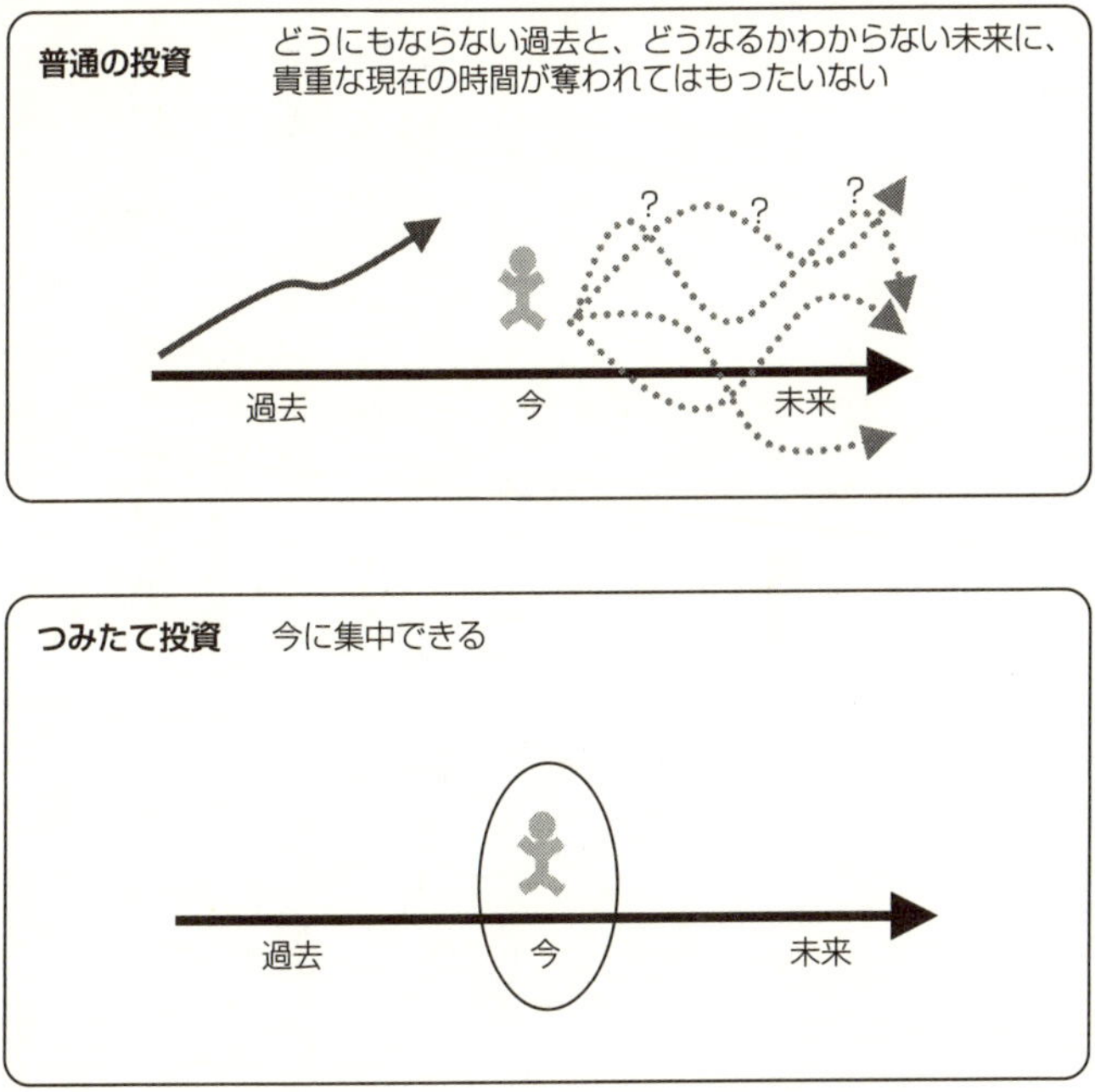

ろ、税引き後で５２００万円に達していたのです。毎月５万円、年間60万円を30年間ですから、実質１８００万円の投資です。この方は日本では数少ないつみたて投資の成功事例です。成功したコツを聞くと、こんな答えが返ってきました。

「30年間、放《ほ》ったらかしにしといたからです。仕事が忙しいと、そんなもの考えている暇などないですよ」

　つみたて投資の成果は、後からついてくるものだと思うくらいでちょうどいいと思います。

【つみたて投資人生論⑤　怖がらずに行動しよう】

何か新しいことを始めるのに不安はつきものです。しかし、始めてみると「案外簡単だな」と思うことが多いでしょう。「案ずるより産むが易《やす》し」です。

つみたて投資も同じです。始めるベストタイミングは、考えてもわからないので、まずは行動してみてはいかがでしょう？　始めてみれば、簡単なのがわかると思います。

まずは行動を起こす。「つみたて投資」は人生に通じます。

第6章　「プロセス」効果　～始値・終値だけでなく、経過の値動きが大切

図30　スタートもゴールも価格が同じ

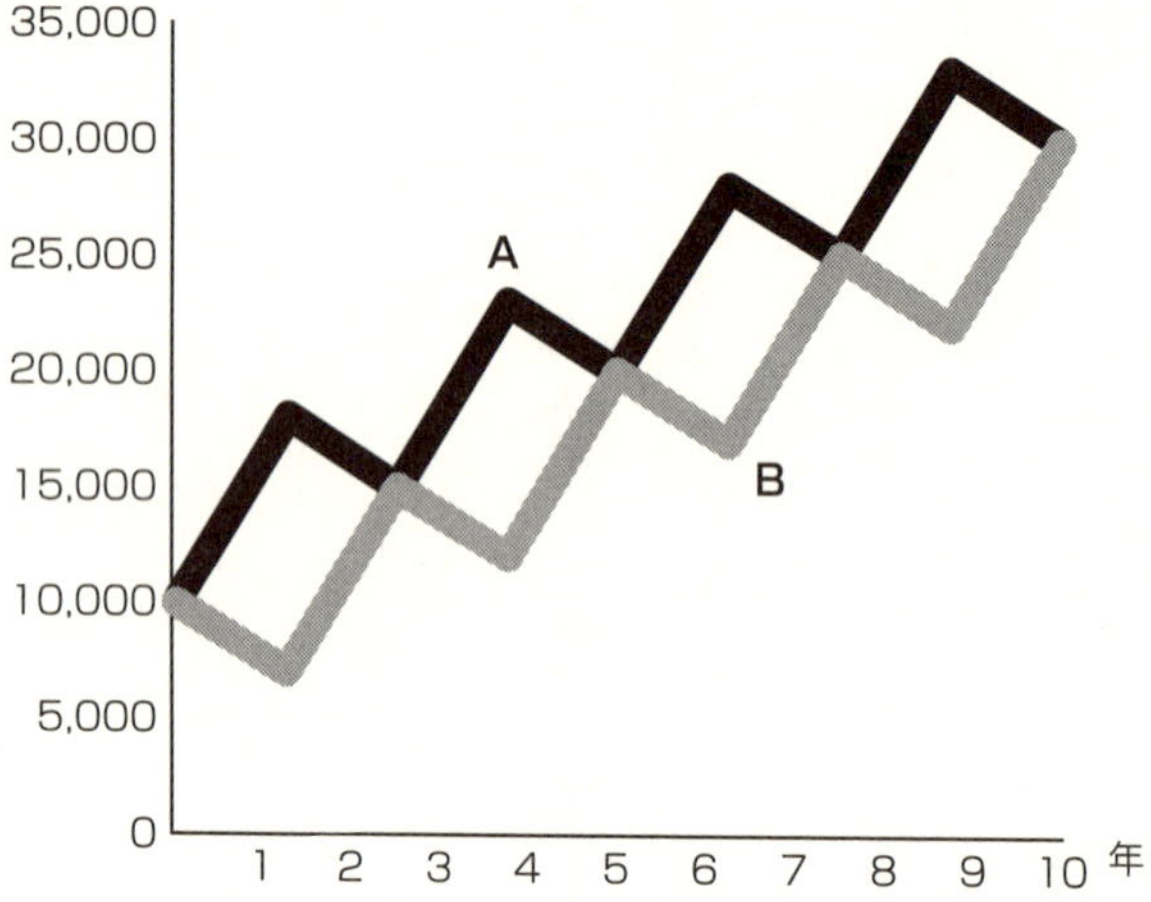

結果か、プロセスか

問題⑨

【値動き】

1万円からスタートして、3万円に到達する金融商品AとBがあります。この二つの商品はスタートとゴールは同じですが途中の値動きが異なります。Aは上にジグザグしながら上昇します。一方、Bは下にジグザグしながら上昇します。

AとBにつみたて投資をした場合、10年後の利益が大きくなるのはどちらでしょうか？（答えはP75の下をご覧ください）

A、Bともにスタートの価格とゴールの価格は同じでした。それでも結果はずいぶ

図31　つみたて投資はゴールよりプロセス

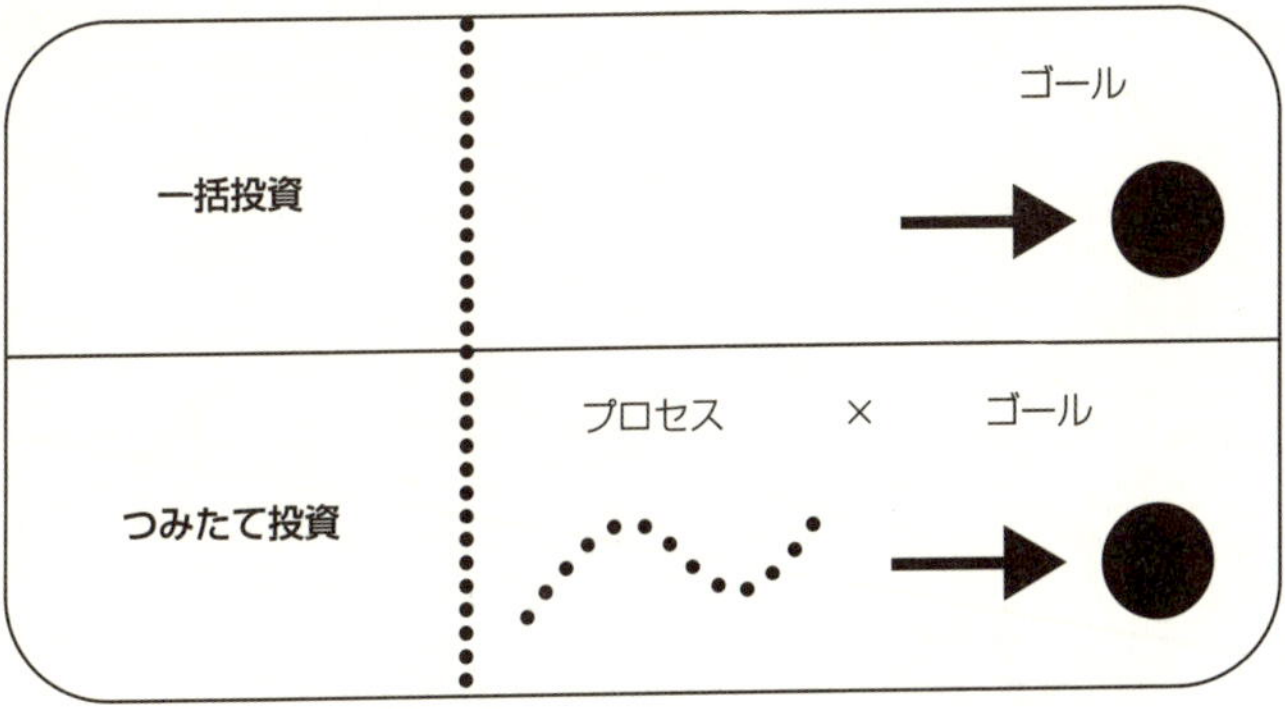

ん異なりました。

Aは174万円で投資金額の1・45倍になる一方、Bは237万円で約2倍です。なぜ、スタート時の価格も、ゴール時の価格も同じなのに、成果が異なるのでしょう。

理由は「口数」です。繰り返しになりますが、投資の評価は「口数×価格」で決まります。最後に売るときの「価格」が同じなら、「口数」を貯め込んだ方が評価は大きくなります。

Aは「上がってから下がる」パターン、Bは「下がってから上がる」パターンで、それぞれジグザグして上昇したので、Bの方が、価格が安い期間が長く「口数」を多く買い込めたのです。

一括投資の場合は、「買値」と「売値」ですべてが決まってしまいます。いわゆる「安く買って高く売る」世界です。つみたて投資は、価格だけでな

問題⑨：正解は「B」

図 32-①　30年間で5倍になった8種類の金融商品

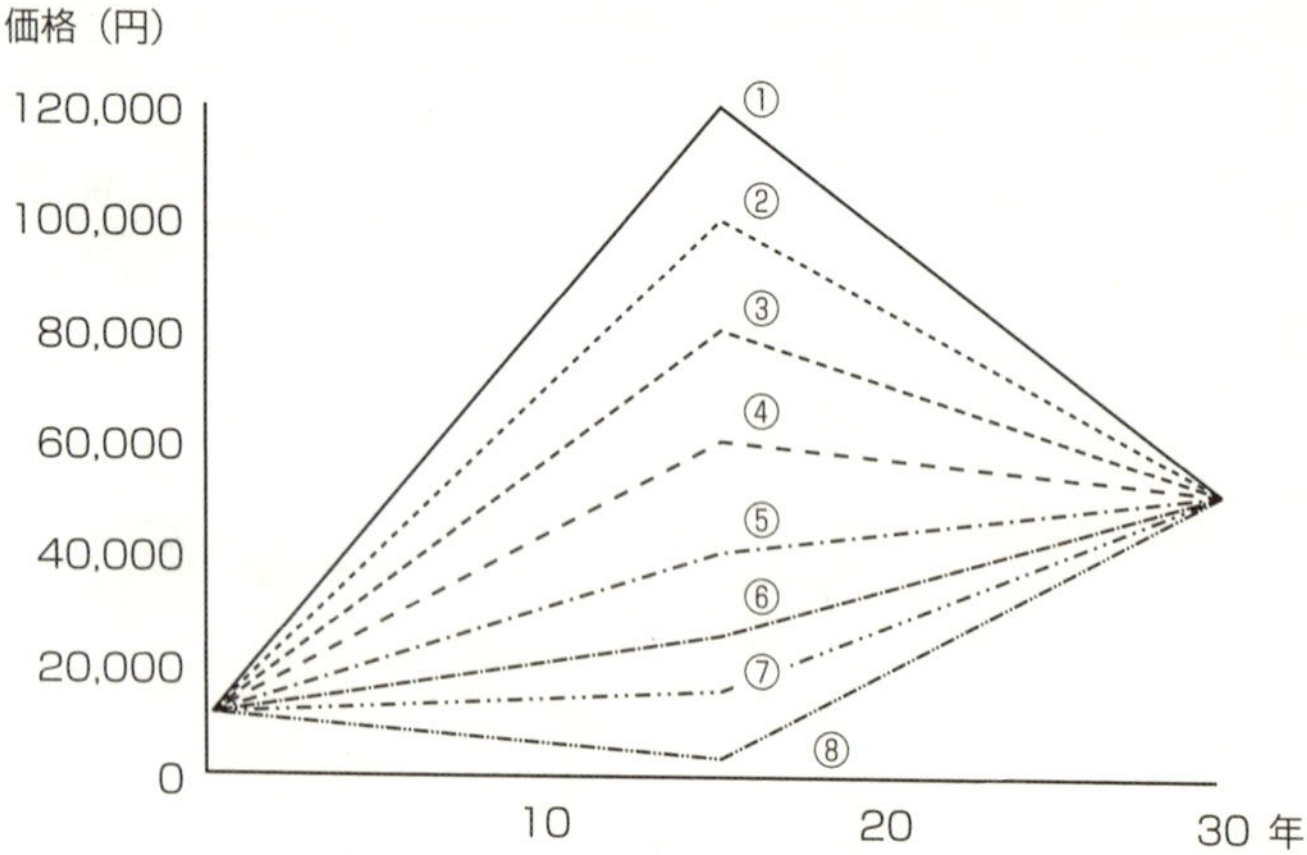

く、投資のプロセスでいかに「口数」を多く買い込むかが非常に重要なのです。

今度は、毎月1万円ずつ30年間のつみたて投資をします。毎月1万円ずつ積み立てると1年間で12万円、30年間の投資金額は合計360万円になります。30年間で5倍になった金融商品の値動きを8本引いてみました。（上図）

どの商品も、スタートは1万円でゴールは5万円です。これにつみたて投資をした場合の評価損益は次のようになりました。

最も上昇してから下落した①の場合、30年後に金融商品の価格が5倍になっていても、最終評価は318万円で、42万円の損になってしまいました。

図 32-②　右図商品に毎月１万円ずつ、30 年間のつみたて投資をした場合の損益（単位：万円）

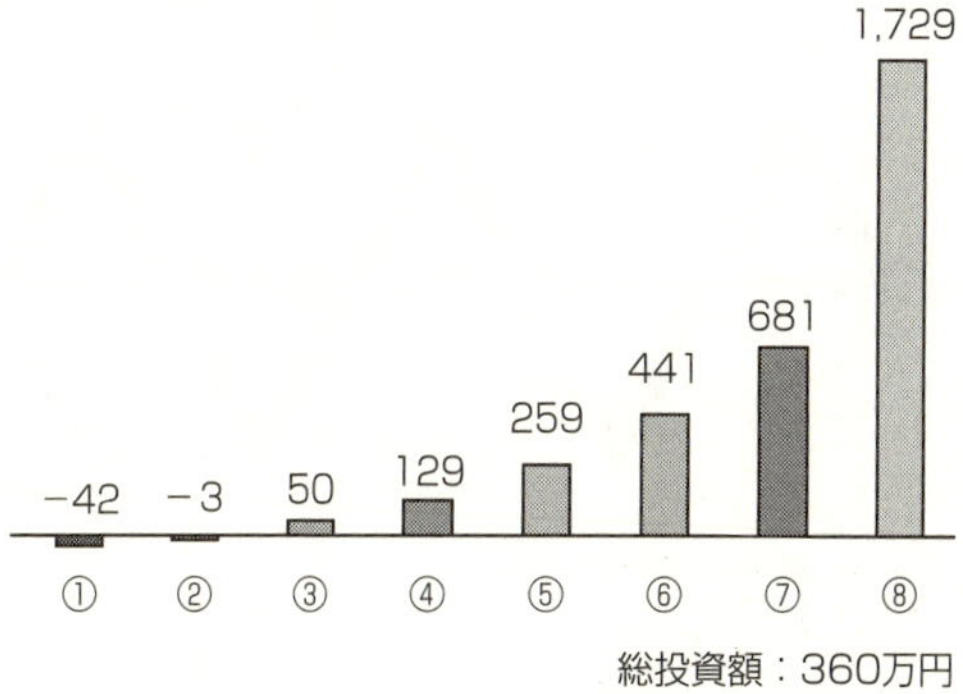

総投資額：360万円

同じスタートとゴールでも、プロセスが異なれば、成果も大きく異なる。

理由は価格が高くなってしまい、あまり多くの口数が買えなかったからです。逆に、⑧は大きく下がってから上昇した商品です。最終評価は２０８９万円で、１７２９万円の利益が出ました。

いかがでしょう？　仮に、金融商品が将来何倍になるかを当てることができたとしても、その経緯によって評価がずいぶん異なるのはわかりましたでしょうか。つみたて投資に長期的に取り組む場合、ゴールの値段を当てるのは困難です。そして、その期間が長ければ長いほど、プロセスまで当てるのはさらに困難でしょう。

つみたて投資をスタートする際に、将来何倍になるかを予測するのは無用です。

図33　どれも1万円からスタートし、最後も1万円

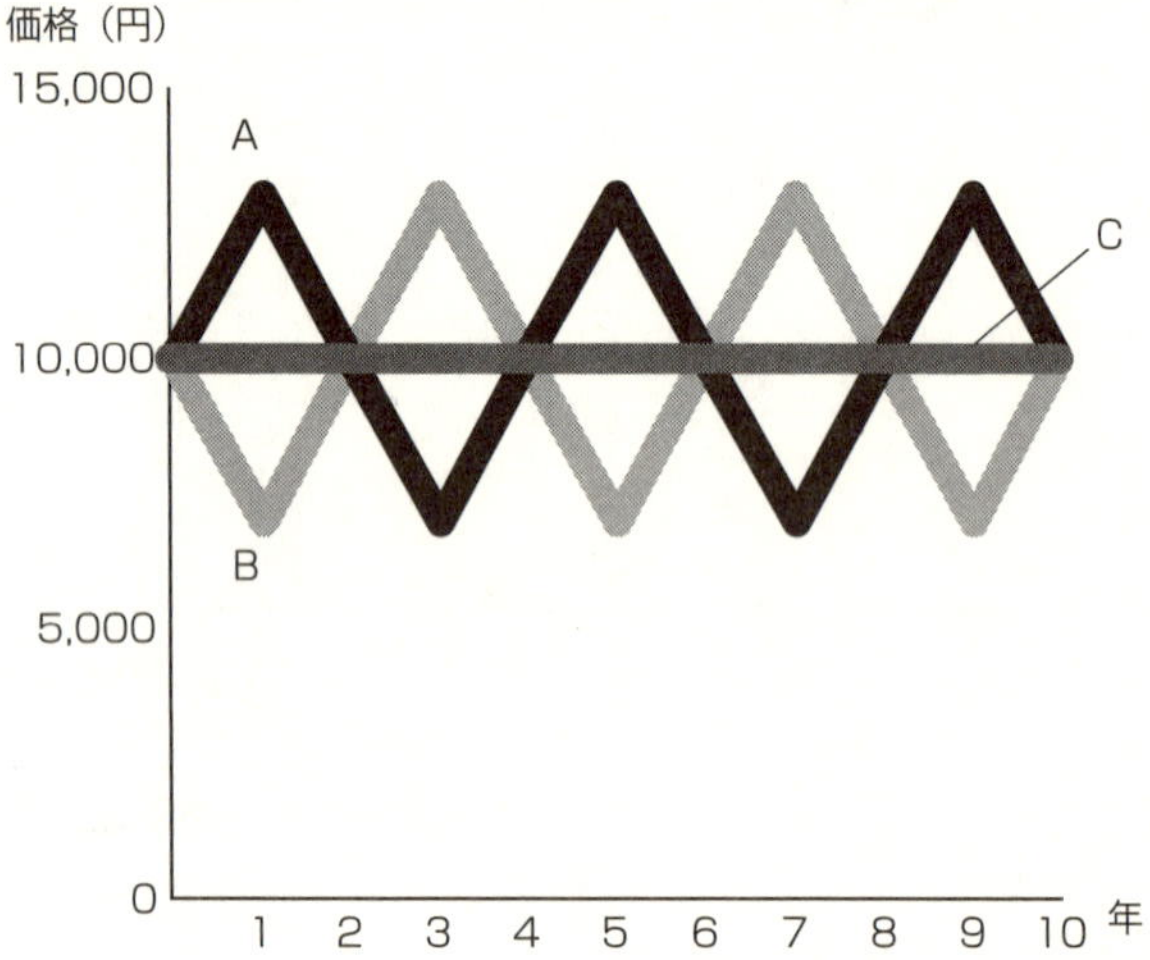

動くだけで意味がある

問題⑩

上の図をご覧ください。A・B・Cの3種類の線が引いてあります。どれも1万円からスタートし、最後も1万円で終わっています。この3本の商品につみたて投資をした場合、成績の良い順番に並べてみてください。（答えはP79の下をご覧ください）

もう皆さんおわかりだと思いますが、Bは下からジグザグしているので、下がっている期間が長くなり、たくさんの口数を買えました。Aは上昇している期間が長いのですが、下がった時に効率よく買えたので、Cよりはたくさんの口数を買い込めま

した。Cが最も成績が低くなりました。

この問題から言えることは、「何も動かないもの」に積み立てるより、「値動きがあるもの」に積み立てれば、それだけで口数を買い込むチャンスがあるということです（AとCについては、山の高さによって順番が変わることもあります）。

確定拠出年金の半数は預貯金

私的年金制度のひとつに「確定拠出年金（日本版401k）」があります。これは加入者が運用商品を選び、実績に応じて受取額が変動する年金です。現在、約1万3340社、360万人の方が加入しています（企業型。2010年8月末時点）。検討中の企業を入れると、今後もっと増えるでしょう。

問題なのは、投資教育が不徹底なので、加入者の約半数の人が、運用先に投資信託ではなく、預金を選択していることです。これは本当にもったいないと思います。せっかく将来のために積み立てるなら、値動きがある方に積み立てた方が大きな成果が期待できます。確定拠出年金に加入している方は、これを機に自分の運用先を確認してみてはいかがでしょうか。

このように、つみたて投資は、スタートの価格とゴールの価格だけで判断してはいけませ

問題⑩：正解は「B→A→C」

ん。途中のプロセスで、その成果はかなり変わるからです。つみたて投資家は、商品がいくらになるかに気を取られる「価格偏重」思考から、「何口」積み上げることができるかに目を向けた「口数」思考に切り替える必要があります。

友だちのような投資術

突然ですが、読者の皆さんは「友だち」が必要でしょうか？

おそらく、多くの方は「必要」と思われたでしょう。「何を言ってるの？」と思われたかもしれません。理由は、①「いないと寂しいから」②「共に成長できるから」③「喜びや悲しみを分かち合えるから」等でしょうか？

結論から言うと、筆者の答えは「否《いな》」です。必要ではありません。嫌悪感を持つ人もいるかもしれませんが、私は、自分が生きていくうえで①〜③のような理由では友人は必要ではありません。

①の答えをされた方に質問です。「もしも科学技術が発展し、友人の代わりに寂しさを紛らわしてくれるロボットが発明されたら、友人は必要なくなりますか？」

②の方へ。「もしも、友人の代わりに切磋《せっさ》琢磨《たくま》して成長させてくれるロボットが製造されたら、友人は必要なくなりますか？」

③の方。「もしも、あなたと共に喜びや悲しみを分かち合い、しかも友人以上にそれが実現できるロボットが製造されたら、友人は不要なのでしょうか？」……。

必要なこととは、何かの「目的」を達成するための「手段」です。たとえば、歩くより速く東京から大阪に移動するためには、「新幹線」は便利な「手段」です。遠くの人と素早く意思疎通をするのに、文通だと時間がかかり不便です。「携帯電話」は、そういう時に便利な「手段」になります。

「手段」は、より効率的に目的を達成できる代案があれば、交換できます。意思疎通は、電話でなくて、メールで済むかもしれません。新幹線は飛行機でも代替できます。あるいは高速バスでもいいかもしれません。

もし、友人が生きるために必要な「手段」なら、先に挙げたロボットが、代案に当たります。①のケースでは、「寂しさを紛らわせる」ための手段、②は、「自分が成長する」ための手段、③は、「喜怒哀楽を分かち合う」ための手段……。

少なくとも、私にとって友人とは「かけがえのない人」「何物にも代えがたい人」であって、「手段」ではないのです。一緒にいること自体が楽しく、貴重だと感じられる存在です。その人独特の雰囲気もあり、一人として同じ人はいません。何物にも代えがたい存在です。オンリーワンと言うのでしょうか。

図 34　必要性と重要性

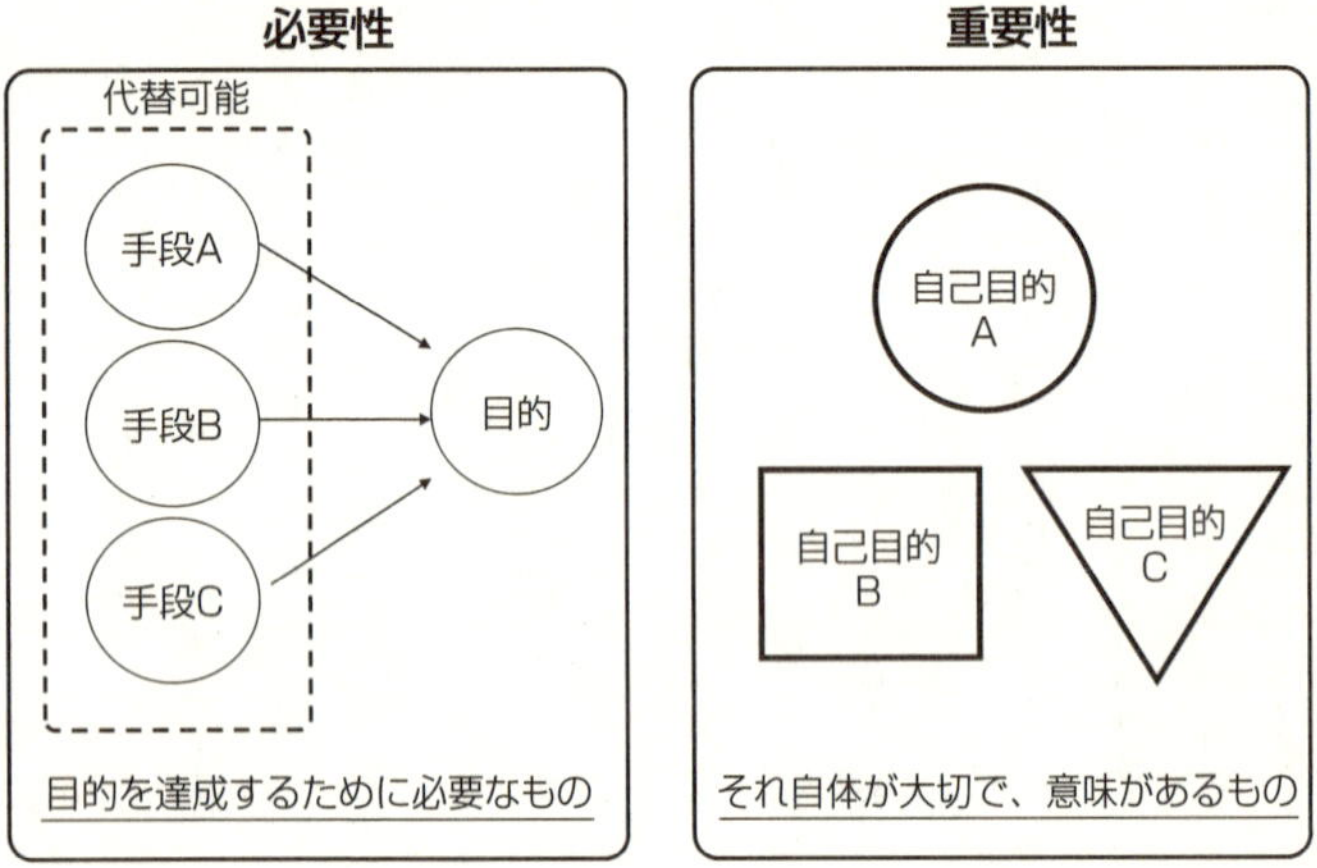

私たちの人生を、楽しく、充実させてくれるのは、99・9%がこうした、代えがたい存在なのではないでしょうか。言い換えれば、「何か目的を達成するために必要な手段」ではなく、「そのことをしたり、一緒にいるだけで楽しくなるもの」です。仕事のやりがいや、大切な人との食事、熱中する趣味、どきどきする恋愛、見知らぬ地への旅……。これらはすべて、それ自体が楽しいものなのだと思います。「塩分があるから、生きていて楽しい」などと感じる人はほとんどいないでしょう。豊かな人生とは何かと考えた時に、「大切なもの」を持っているということなのではないかと思います。

ちなみに、個性溢《あふ》れる友人に恵まれた私の人生は、とにかく楽しいです。

つみたて投資も同じだと思います。投資は、人が人として生きていくうえで、絶対にしなければいけないことではありません。投資信託を買わないと死んでしまうという人はいません。確かに、将来の資産を作る方法として有効だと思います。ただ、そうした目的のための「手段」としてしか捉えなかったら面白くないと思います。

私にとって、つみたて投資は単なる「手段」というより、「大切なこと」です。友だちと過ごす時のように面白いものです。この数年間、まったく儲からない「つみたて投資の研究」を続けたことによって、知的好奇心が刺激されて、多くの本を読みました。金融関係だけでなく、比較文化論や言語論、心理学、偉人伝、歴史、古典と、さまざまな本を紐解き、視野が広がりました。多くの方にお会いし、つみたて投資について熱く語ってきました。

私はこのつみたて投資の特徴を人に教えてあげるのが大好きです。多くの人が目を白黒させて驚いてくれましたし、共感してくれました。それがすごく嬉しくて、もっと他にないかと研究を重ねていきました。結果、価値観が似た方と、業種を問わずご縁が広まりました。私は、MBAホルダーでも難しい資格の保有者でもなく、外資系などの華々しいキャリアもありません。あるのは、会社を一社潰した経験くらいです。それでも、今回の出版の機会に恵まれたのは、つみたて投資に出会えたからだと思います。

振り返ってみるとそのプロセスは、単なる「お金」を増やすための過程というより、「自己」の成長につながったと思います。私にとってつみたて投資は、生きるために必要な単なる「手段」というよりは、友だちのように、私の人生を豊かにしてくれるかけがえのない「大切なもの」です。それは、世界経済とのつながりをも実感できる、知的好奇心を満たしてくれるものなのです。

読者の皆さんも、コツコツ続ける無理のないつみたて投資を通じて、世界経済とのつながりを肌で感じてみてはいかがでしょうか？　その先には、今までと違う世界が広がっていると思います。利益は、続けていけば後からついてくると思います。「安く買って高く売る」だけでなく、日々のプロセスが大切なつみたて投資は、友だちのような投資術だと思います。

【つみたて投資人生論⑥　結果かプロセスか】

仕事で大事なのは「結果」でしょうか？「プロセス」でしょうか？　仕事において、結果は大事です。しかし、結果のみを追い求めると、大切なものを見落とすこともあります。あなたは人生や仕事において、どちらを重要視しますか？

つみたて投資には、結果だけでなくプロセスも重要です。「つみたて投資」は人生に通じます。

第7章　「継続」効果　～ケイゾクハチカラナリ

図 35　期間は異なるが、いずれも 10 倍になる

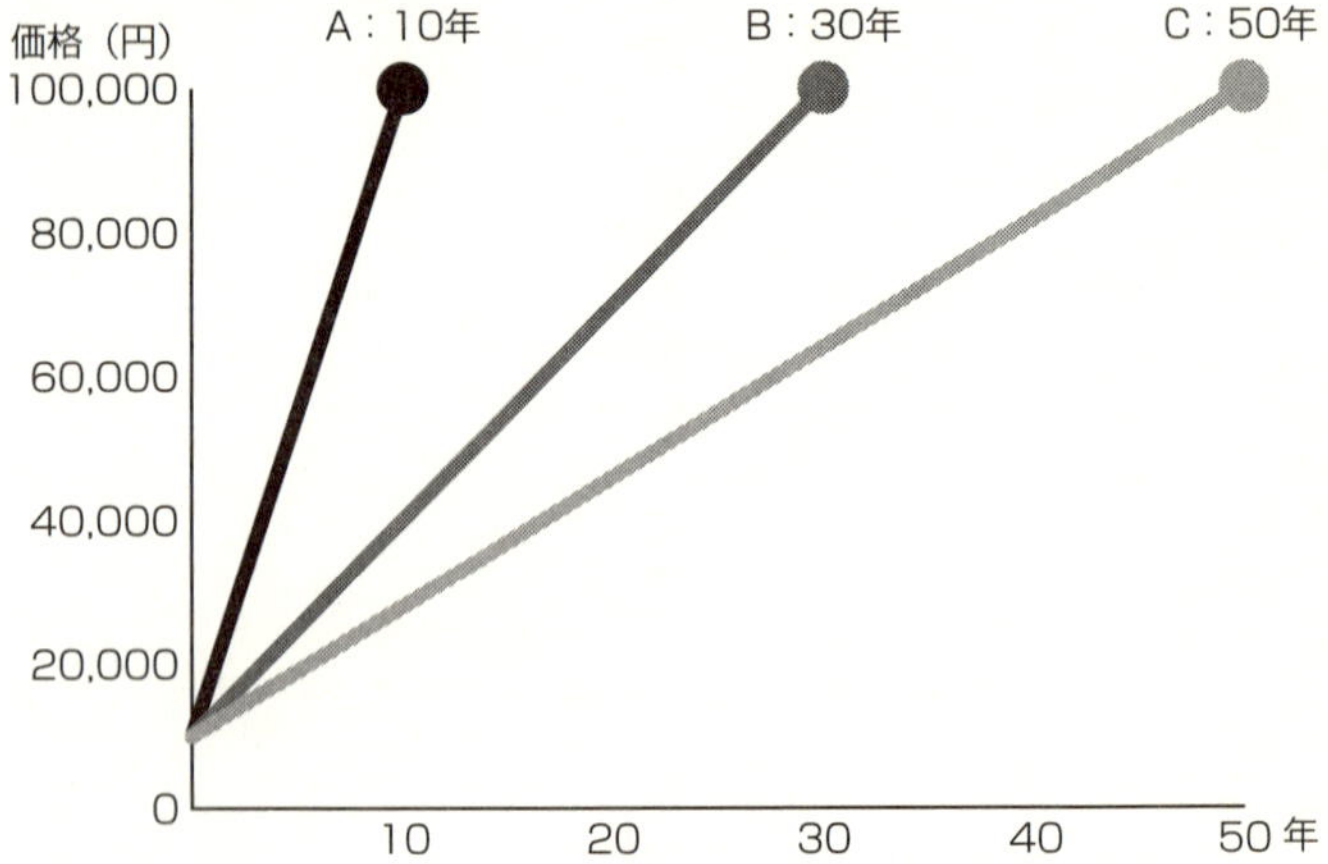

口数を積み上げる投資

問題⑪

毎月1万円ずつつみたて投資をすると、1年間で12万円の投資金額になります。1万円からスタートして、10年後、30年後、50年後に10万円（10倍）にまで上昇するA・B・Cの金融商品があります。それぞれにつみたて投資をした場合、評価が大きくなる順番に並べてください。

A：10年後（つみたて投資金額：120万円）

B：30年後（つみたて投資金額：360万円）

C：50年後（つみたて投資金額：600万円）

円）

（答えは本文をご覧ください）

結果は次の通りです。

A：312万円、B：926万円、C：1540万円です。つまり「C→B→A」の順となります。

積み立てる期間が長いほど、たくさんの口数を買えるので評価も大きくなりました。それぞれの口数を見てみるとA：31・2万口、B：92・6万口、C：154万口です。当たり前と言えば当たり前ですが、継続すれば口数は貯まります。一括投資の場合は、投資期間に関係なく最後の価格で決まるので、A・B・Cのどれに投資しても10倍になって同じです。つみたて投資は、続けることで口数の貯め込み効果が出るのです。

一括投資の場合は「タイミング」が重要で、つみたて投資は「ターム（期間）」が重要になります。

図36　投資スタイルによって違う、重要ポイント

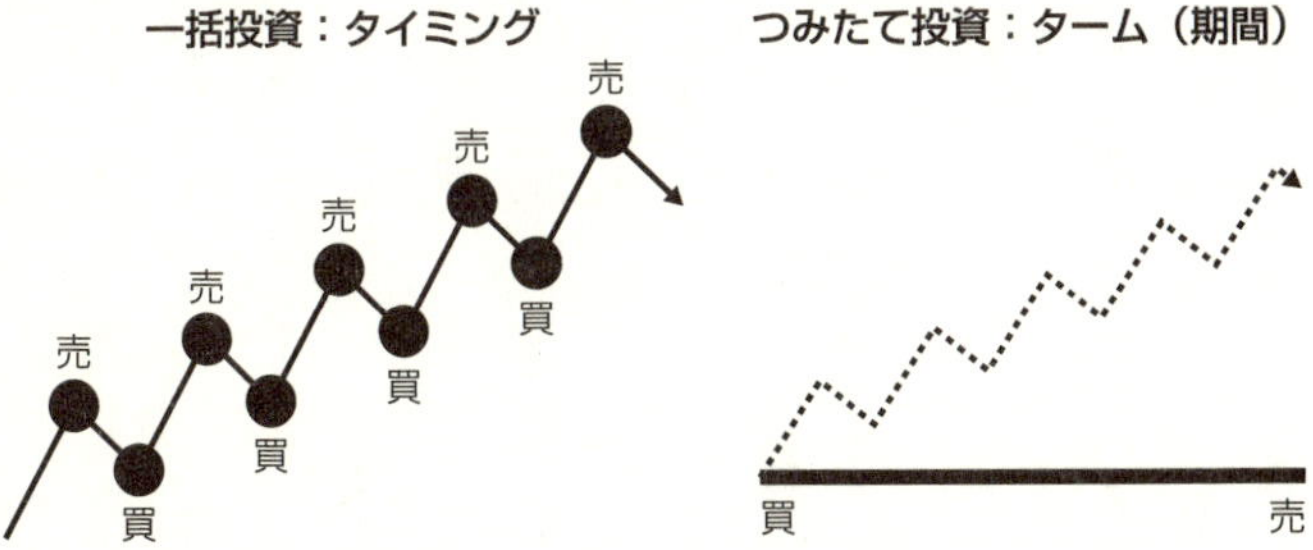

短期で上昇しても……

問題⑪のAのケースをご覧ください。金融商品は10年間で10倍になっても、その商品に毎月つみたて投資をしていった場合は、その成果は3倍にもなりませんでした。せっかく投資商品が10倍になっているのに、その成果は3倍にもならないなんて……。「あまり儲からないな」と思われた方も多いのではないでしょうか？

つみたて投資の場合、一回で投資する一括投資と異なり、商品が短期的に上昇したからといって、それに応じて利益がどんどん増えるものではありません。

理由は「口数」です。積み立てる期間が短いと、その分、積み立てる金額も小さくなります。そうするとあまり評価は大きくなりません。むしろ、じっくり上がってもらい長期で積み立てた方が、口数が貯まるので評価は大きくなります。

問題⑫

次は、同じ30年間のつみたて投資をするにあたって、早く上昇した場合（A）、一定の角度で上昇した場合（B）、最後に上昇した場合（C）の比較です。利益が大きくなる順番に並べてみてください。（答えは本文をご覧ください）

図37　早く上昇するか、ゆっくり上昇するか

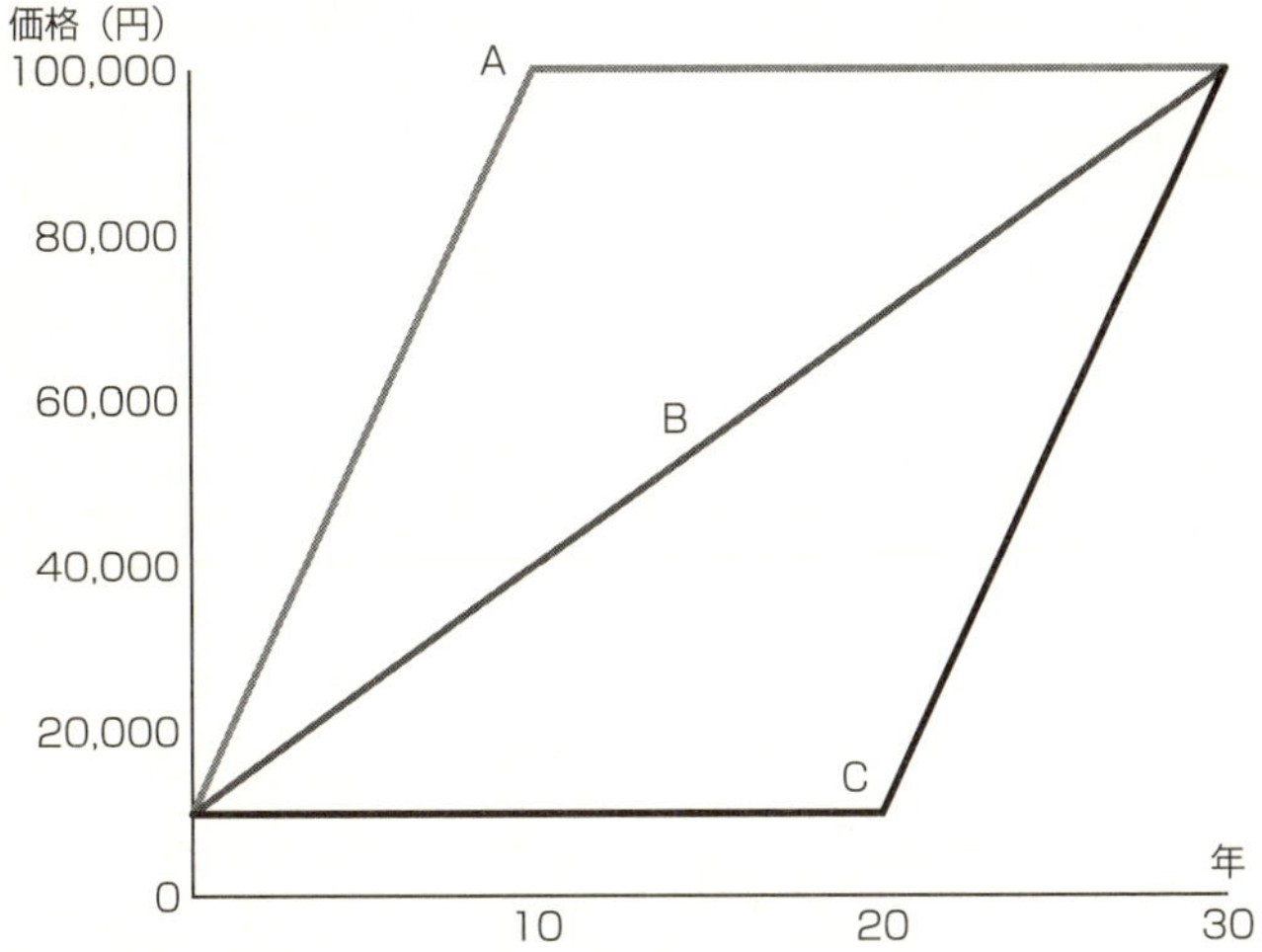

毎月1万円ずつつみたて投資をすると、積立額は30年間で３６０万円です。結果は、次のようになりました。

Ａ：約５５２万円（＋53・２％）、Ｂ：約９２６万円（＋１５７・１％）、Ｃ：約２７１２万円（＋６５３・２％）です。

もし、30年後に10倍になる金融商品があるなら、つみたて投資をする人にとっては、なるべくじっくり上がってもらった方が利益が出るのがわかります。

つみたて投資は、短期の上昇で大きな利益を得ようとすると困難です。しかし、長期にわたって多くの口数を買い込めば、大きなリターンが期待できます。

一括投資は短期で上昇することを期待す

図38　一括投資とつみたて投資はインセンティブが逆

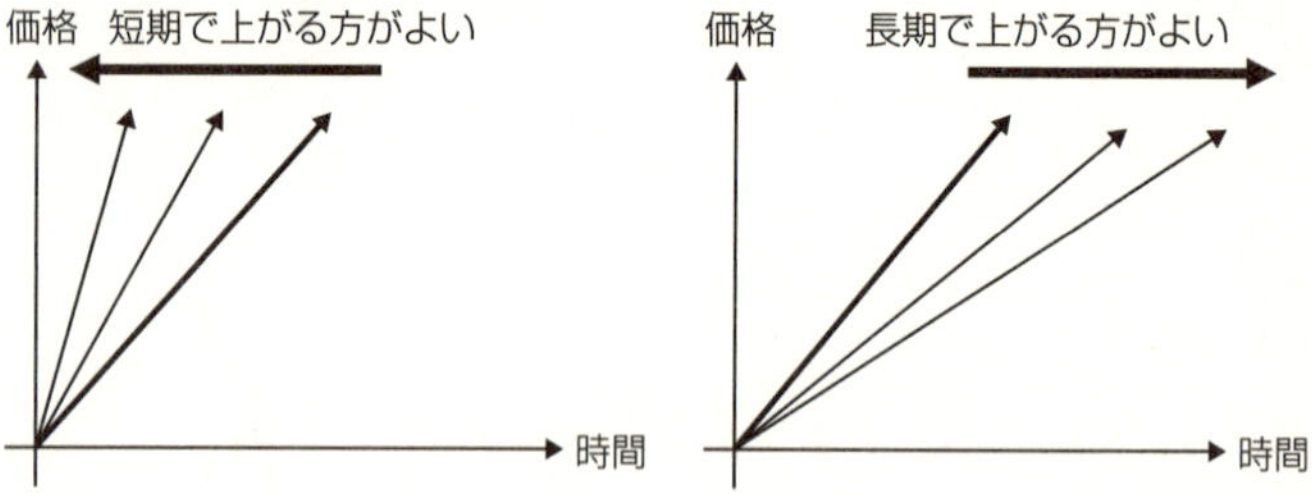

るインセンティブが湧きますが、つみたて投資は長期で上昇することを期待するインセンティブが湧きます。これが一括投資との大きな違いです。つみたて投資家にとっては、短期での大幅な上昇よりは、じわじわと上昇してくれた方がありがたいのです。

投資は「積み上げる」もの

序章でも書きましたが、日本人の多くの方は、投資を「安く買って高く売る、価格当てゲーム」のようなものと捉えています。

バブル崩壊以降、日本株が長年低迷し、損をした人が多いことなどもあり、その「投資の常識」が変に一人歩きして、投資は「博打」や「ギャンブル」の一種などというネガティブな捉え方をされているケースをよくみかけます。

これをそろそろ変えてもいいのではないかなと思います。本書で説明するように、投資は口数を積み上げるものと考えれば、より投資家層の裾野が広がると思います。

日本人は、昔からコツコツ積み上げる話が好きです。著名人たちも、積み上げることの大切さをよく説いています。２００４年の10月、メジャーリーガーのイチロー選手が、シーズン記録を塗り替える２５８本目の安打を打った時のことを、後にこう述べています。

「小さいことを重ねることが、とんでもないところに行くただ一つの道」

他にも、経営者の自伝などを紐解けば、「続けること」の大切さを説くエピソードは、次々と出てきます。それほど日本人にとって、継続して積み上げるという話はなじみやすいものなのでしょう。

電話は「話すもの」というのが、一昔前の常識でした。ところが携帯電話の機能が発達し、メールができるようになり、写真が撮れ、インターネットで買い物までできるようになりました。最近はツイッターもできます。いつしか、電話は「話す」ものから「コミュニケーション」を円滑にし、生活を楽しく豊かにするツール」に進化しました。

積み上げるもの

投資の常識を変えてみませんか？　これまでは、「売り買いの価格を当てる話」「タイミングを見極める話」だったと思います。どこか「博打」のようなイメージで語られるケースが多いと思います。

もし、投資の常識が、「継続して、口数を積み上げる話」になったらどうなるでしょう。「堅実」で「着実」なイメージになり、良い印象になるでしょう。

日本には、世界でもトップクラスの潤沢な「個人マネー」が眠っています。そのお金を「投資」を通じて社会に循環させていけば、非常に大きな活力になるはずです。日本に投資が草の根レベルで根づくには、「価格当てゲーム」ではない、新しい「投資の常識」が必要だと思います。

成果は後からついてくる

投資を「積み上げる話」として考えると、結果の捉え方も変わります。

一括投資の場合、タイミングが大切なので、続けたからといって、必ずしも成果が出るとは限りません。この章の冒頭の問題のように、むしろ時間をかけなくても、タイミングさえ良ければ短期で成果を得られるのです。自然に、短期で成果をあげようとするインセンティブが湧きます。

図 39　利益の考え方には2種類ある

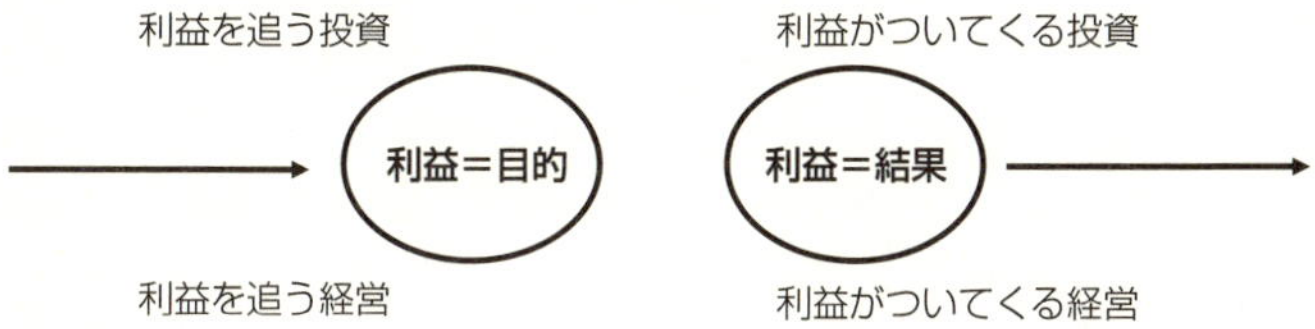

一方、つみたて投資の場合、短期で上昇してもそんなに利益があがりません。むしろ、時間をかけて口数が貯まった方が将来のリターンは大きくなります。目先は下がっている方が多くの口数を買い込めますし、「短期で上昇してほしい」という欲がなくなります。

利益の考え方は2種類あります。「獲得しようと思って得る利益」と、「するべきことをした結果として得る利益」です。会社経営でも、経営者によって考え方が分かれると思いますが、おそらく多くの日本人が心象的に好きなのは、後者の利益ではないでしょうか。

つみたて投資の場合は、日本人が好きな「成果は後からついてくる」というイメージが合います。主体的に将来を予測することで成果を狙うというより、「果報は寝て待つ」という投資です。

【つみたて投資人生論⑦　継続は力なり】

この言葉に説明は不要でしょう。仕事、家庭、趣味。すべてに当てはまる言葉です。おそらく、日本人が無条件で受け入れ、その効果を疑わない力だと思います。そして、それはつみたて投資にも当てはまります。「つみたて投資」は人生に通じます。

第8章　「予測不要」効果　～考えたってわからない

図4　つみたて投資をした場合、利益が多くなる投資信託はどっち？

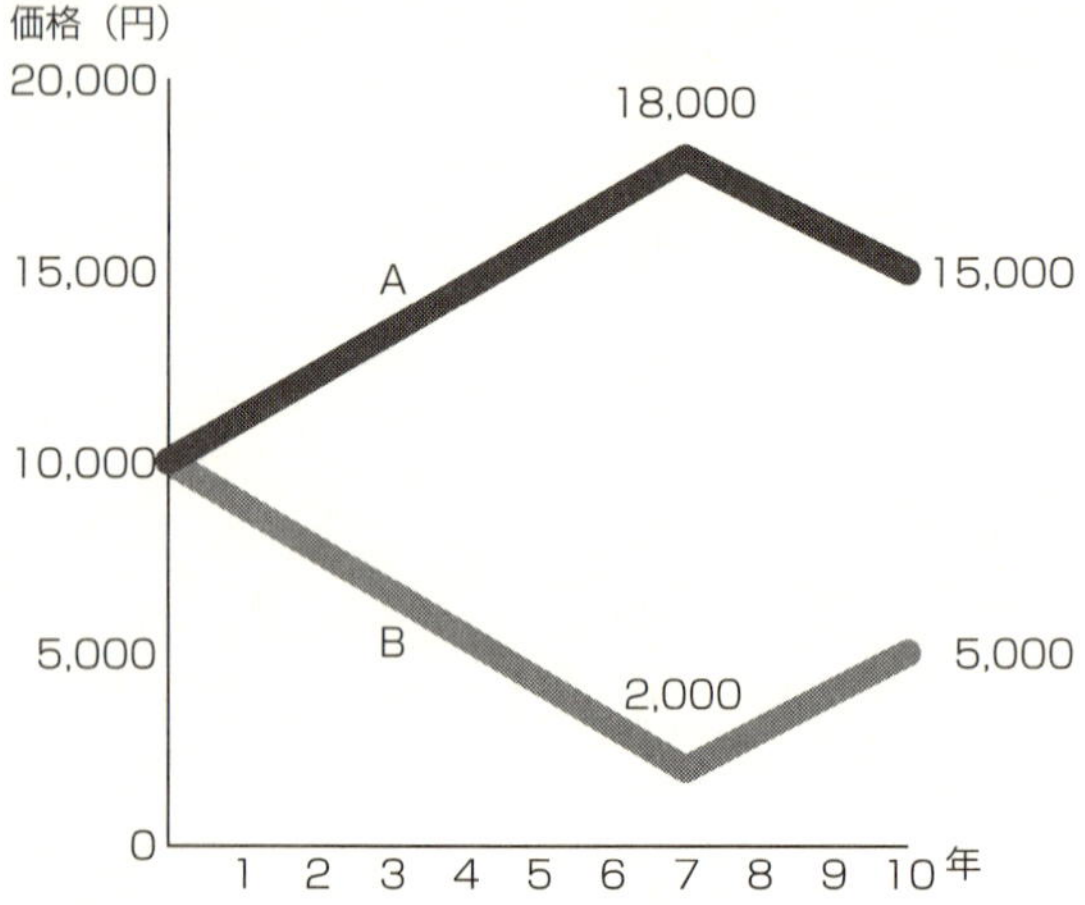

「考えてもわからない」こと

上の図は、序章で紹介した上下対称のグラフです。A、Bはスタートの価格は同じですが、途中のプロセスも、ゴールも異なります。

これにつみたて投資をした場合、AよりもBの方が利益が大きくなりました。それぞれの成績はA：125・6万円（＋4・7%）、B：139・2万円（＋16・0%）です。金融商品の値動きを見ると明らかにAが勝《まさ》っていますが、つみたて投資の成果は逆になりました。

このようにつみたて投資は、投資商品の値動きだけ見ていても成果はわからないのです。

図40　1番目と2番目に利益が大きくなるのは？

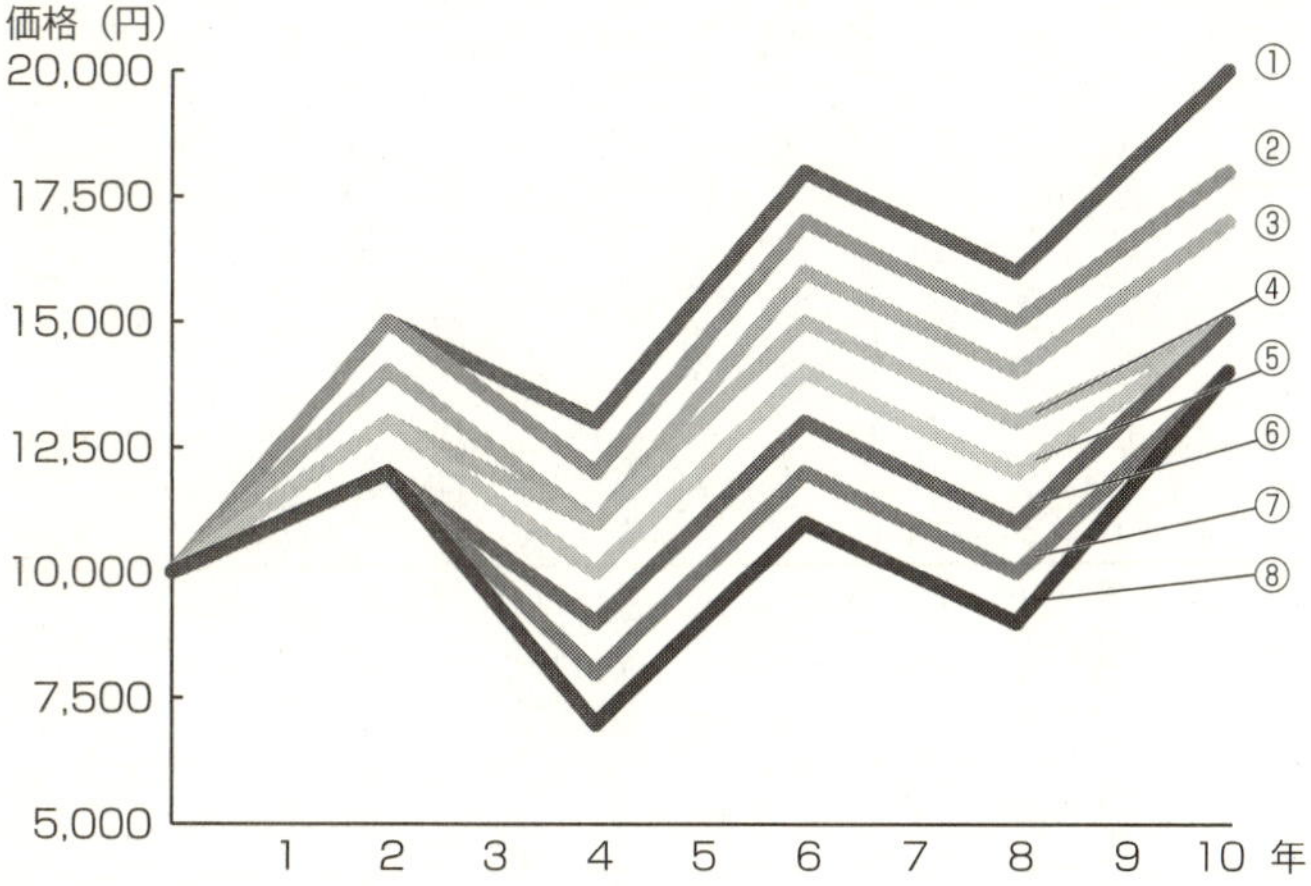

さて、ここで問題を解いてみましょう。

問題⑬

上の図のように、値動きが似た8本の商品があります。これらに10年間つみたて投資をしていった場合、1番目と2番目に利益が大きくなるのはそれぞれ何番でしょうか。

（答えは本文をご覧ください）

これまで大勢の方にも質問しましたが、だいたい、1番目の、いちばん下の⑧は当てられます。

ポイントは2番目です。2番目の解答で最も多かったのは、なぜか⑥でした。角度がそう見えるのでしょうか。答えは、最も上昇している①ですが、これを正解できた人はほとんどいませんでした。すべての順番は⑧①⑥⑦③②⑤④でした。それまでに「口数」の説明を重点的に行ったので、そちらに意識がいったのだと思います。口数だけでなく、最終的な価格も非常に重要になってきます。

ただ、このランキングは、結果を判断する時期をずらせば、また入れ替わります。たとえば、9年目の時点（108回目のつみたて投資をした時点）でのランキングはわかりますか？　その場合、最も成績が良かったのは①、2番目が⑧、以下、②③⑥⑦⑤④の順となります。このように、時期をずらせばランキングは変わります。

私はこの数年間、つみたて投資の仮説検証をひたすら繰り返し行ってきました。その結果、一つの結論を得ました。それは「考えてもわからない」ということです。

古代ギリシアの哲学者ソクラテスは、「無知の知」を唱えました。自分が「何も知らない」ということを自覚しているので、その他の無自覚な人に比べれば優れていると考えたのです。それに近い感覚でしょうか。「考えてもわからない」ことがわかれば、細かい値動きの予測で悩むことなく、あとは行動に移して、続けるのみです。

考えても解決できないことに時間を費やすのはもったいないと思います。それより、始めてみれば、経験からいろいろわかってくるものがあるので、その経験値を積み上げ、少しずつ自分に合う投資との付き合い方を模索してみてはいかがでしょう。

知恵を重視する投資

いわゆる「安く買って高く売る」投資の世界では「情報」が重要です。価格やトレンド、ニュースや節目など、日々洪水のように溢れる「情報」を取捨選択し、判断をしていく投資手法です。

一方、つみたて投資は「継続は力なり」や「備えあれば憂いなし」「支出の規律を決める(天引き)」など古《いにしえ》から日本人が磨き上げてきた「知恵」を重んじる投資方法です。スタートする時の価格や、トレンドの予測をしても意味がないことは繰り返し解説しました。つみたて投資は、日々大量に流れる「情報」に過度に反応しないでよい投資です。シンプルに信頼できる商品を選び、続ける投資なのです。

世の中の「知識」は、その量と質によって大きく4種類に分類できます。まず最も量が多いのが「データ」、それを整理したものが「情報」、情報を使うためにさらに整理したものが「知識」、実践したことを基に学んだものが「知恵」です。

今、世の中のデータや情報は爆発的に増えています。

カリフォルニア大学バークレー校のピーター・ライマンとハル・ヴァリアンが2000年に発表した調査によると、人類が、洞窟壁画から印刷物まで、30万年かけて蓄積してきた情

図41　知識の種類

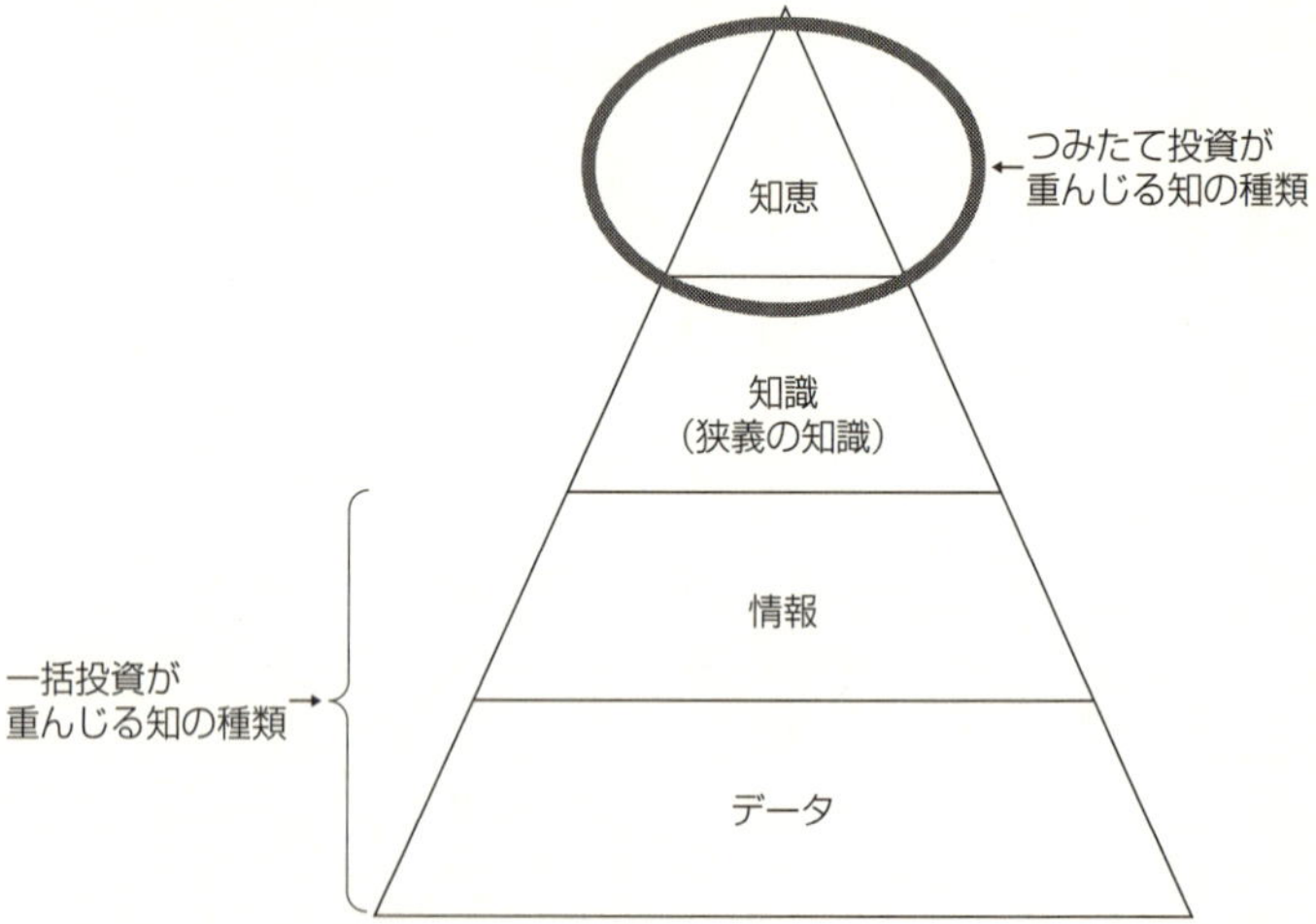

報量は12ＥＢ（エクサバイト。エクサはギガの10億倍）と推計されました。そして２００２年にインターネットやテレビなどの電子チャネルを通じて流れた情報量は18ＥＢだったとレポートしています。過去30万年分を、たったの１年間で追い抜いてしまったのです。

また、ＩＴ調査会社のＩＤＣ Ｊａｐａｎが２００７年に報告したレポートでは、２００６年に生まれたデジタル情報量は１６１ＥＢ、２０１０年には９８８ＥＢになると予測されています。総務省の情報センサスを見ても、この数年で私たちが選択できる情報量が指数的（飛躍的）に伸びているのがわかります。

投資に関する情報も同様に、この数年で

飛躍的に増えています。既に飽和状態です。投資に慣れていない方が、増殖し続けるデータや情報だけを根拠に判断を繰り返していくと、混乱してしまいます。つみたて投資は、情報やデータではなく、先人の経験の結晶とも言える「知恵」を最重視して続けていく、古くて新しい投資の考え方なのです。続けていけば、将来結果はついてくるでしょう。まさに「果報は寝て待つ」投資術です。

【つみたて投資人生論⑧　悩む前に行動しよう】

よく、悩んでばかりの人がいます。悩んで解決できるならいいのですが、そうでないケースが多いのではないでしょうか？　考えてもわからないなら、まずは行動しましょう。そうすれば新しい気づきや学びがあるはずです。「つみたて投資」は人生に通じます。

第9章　何のためにつみたて投資をするのか

図42　高齢化の推移①

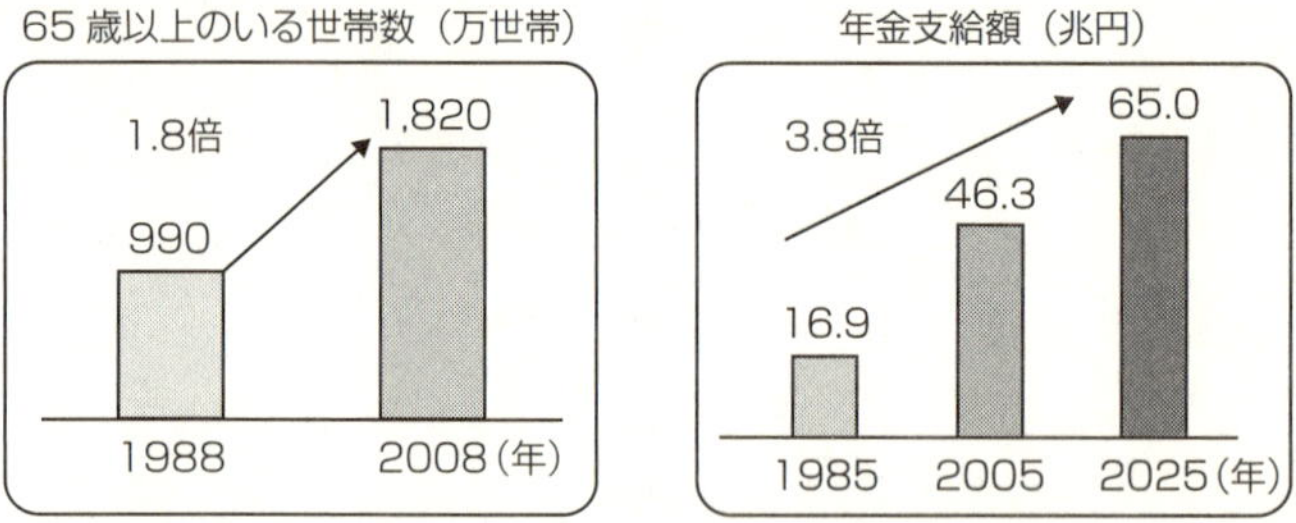

本格的な高齢化社会がやってくる

日本はこれから本格的な高齢化社会を迎えます。日本は世界で最もお年寄りの人口の割合が高く、高齢化が進んでいる国です。日本の全世帯を１００とした場合、36世帯に65歳以上の高齢者がいる状態です。１９８８年には９９０万世帯だったのが、２００８年には１８２０万世帯になり、この20年間で約２倍に増えています。

　お年寄りが多い社会を維持するには、莫大なお金がかかります。年を取ると、どうしても体が弱くなり、病気になったり、介護が必要になったりするからです。

　お年寄りは年金を受け取るわけですので、年金全体の支払額が増えます。年金の支給額は、１９８５年に16・９兆円だったのが、２００５年に46・３兆円になり、２０２５年には65兆円にまで膨らみます。40年間で３・８倍に膨らむのです。

　年金だけではありません。医療費も増えます。お年寄りは若

図43　高齢化の推移②

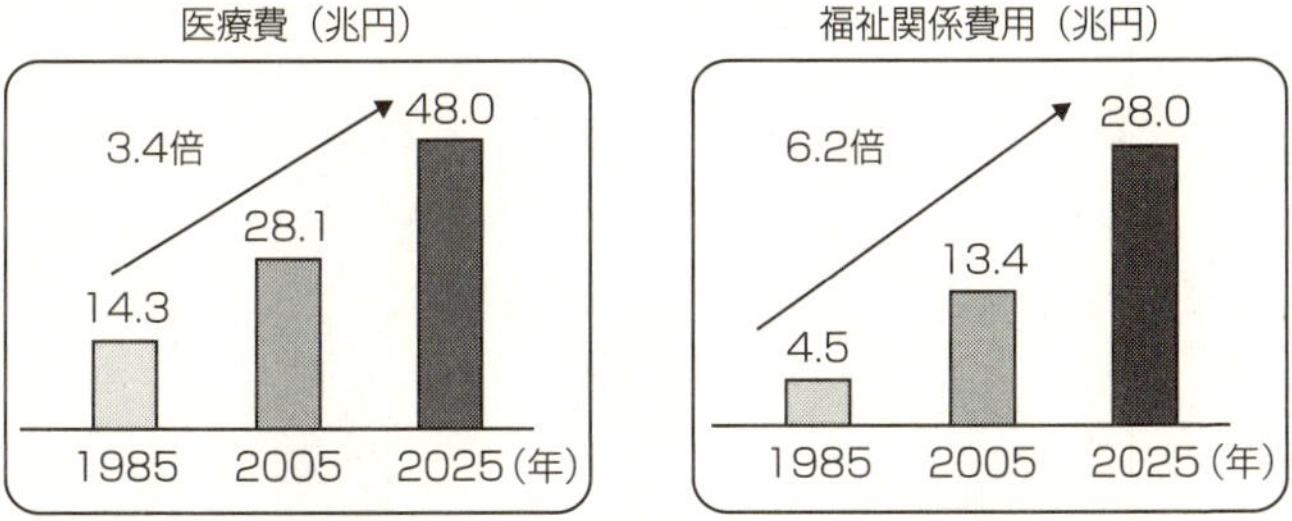

い人の５〜7倍の医療費がかかります。ただ、本人が直接窓口で負担する割合は最大で３割ですし、高額の医療費がかかる場合も、「高額療養費制度」があるため、本人の直接の負担はそこまで高くなりません。ということは、それを社会全体で支えることになるのです。お年寄りが増えると、社会全体で医療費を補わねばならないため、非常にお金がかかるのです。

高齢化が進んだ結果、国の医療費は、１９８５年の14・３兆円から、２００５年には28・１兆円まで増えました。２０２５年には48兆円まで膨らみます。高齢化社会は医療費を支えるだけでもたいへんなお金がかかります。

年金・医療に加えて、福祉のお金もかかります。福祉とは、障害者や遺族関係など、一概に高齢者に関係するものだけではありませんが、半分近くが介護などに充てられているため、高齢化に伴い増えていきます。福祉関係費用は、１９８５年に４・５兆円だったのが、２００５年に13・４兆円になり、２０２５年には28兆円まで膨らみます。

図 44　社会保障費の推移（兆円）

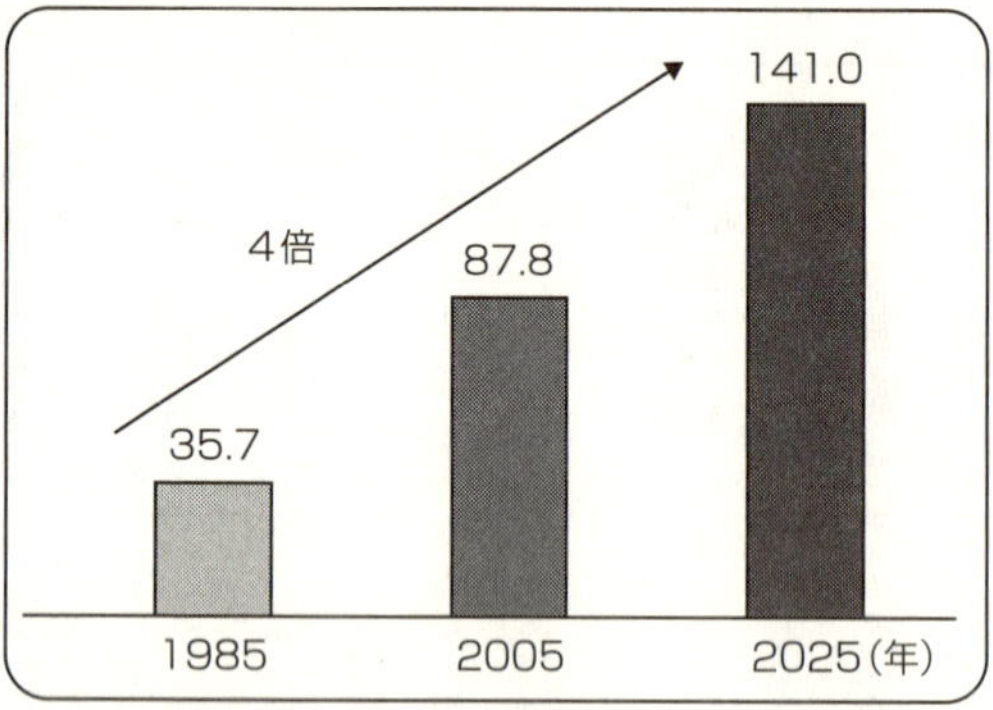

高齢化社会とは、医療・年金・福祉などの「社会保障費」が増大する時代です。その合計は、１９８５年に35・７兆円だったものが、２００５年に87・８兆円、２０２５年には１４１兆円になります。

ちなみに、国の税収は過去10年を平均すると40兆円強です。高齢化社会を維持するには、ものすごくお金がかかるのです。当然、国民の負担はこれまで以上に増えざるを得ないのです。

給料は増えない時代になった

一方、収入はなかなか増えません。左ページの図45はサラリーマンの平均給与です。

昔は右肩上がりに上昇していましたが、１９９０年代後半を境に右肩下がりになっています。１９５０年以降、１９９８年まで48年間にわたり、平均給与は右肩上がりに上昇しました。１９８０年の平均給与は２

図45　右肩上がりで給料が増える時代は終わった

平均給与の推移

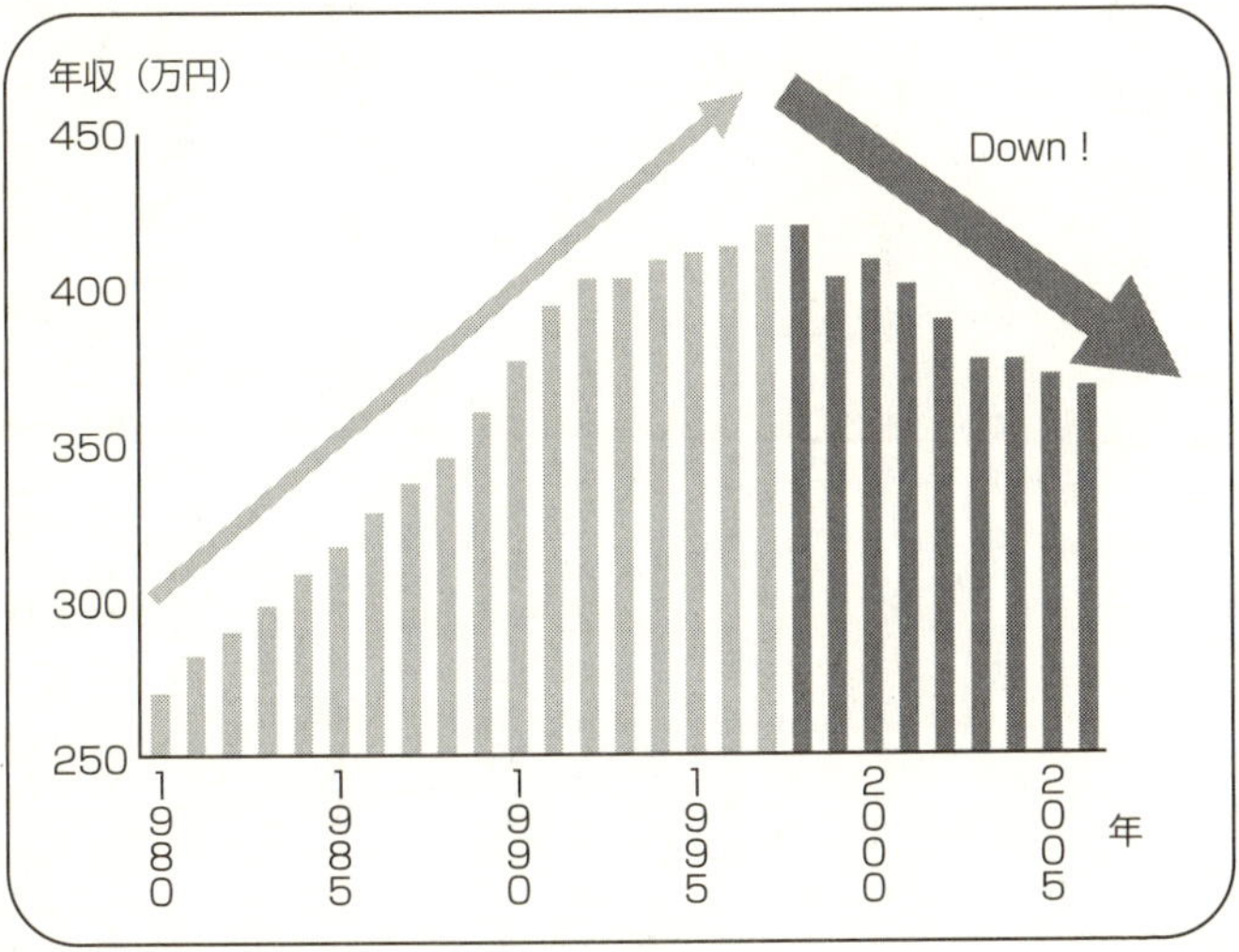

69万円で、1998年に419万円になり、約1・5倍に増えています。しかし、今は給与が下がる時代になりました。ピーク時の1998年は419万円でしたが、2006年は367万円まで低下しました。もう右肩上がりで給与が増える時代は終わりました。長期で見るとトレンドが変わったのがわかります。

昔は経済も右肩上がりで成長していたので、企業も拡大再生産の中でポストを増やし、人件費を増やしてきました。しかし、経済が成熟化し成長が鈍化すると同時に、急速なIT化、グローバル化に伴い、海外の企業との競争が熾烈《しれつ》になってきました。結果、人件費の総額は増えず、限られたパイの配分問題になってしまったのです。

特に20〜30代の若い人が働く環境が厳しさを増しています。NHK「あすの日本」プロジェクトと、三菱総合研究所の合同調査によると、今世紀に入ってからは30代の収入は着実に減っています。1997年の所得分布のピークは500万〜600万円だったのが、2007年には300万円台に低下しました。10年間で200万円ほど低下したのです。

人事ジャーナリストの城繁幸《じょうしげゆき》氏の著作（『たった1％の賃下げが99％を幸せにする』／東洋経済新報社）によると、読売新聞が2006年に大手企業100社にアンケート調査を行ったところ、40歳時点で課長級以上に昇格している総合職は、全体の約26％でした。100人中26人しか課長になれていないのです。さらに6割の企業は、それ以降の年齢での幹部昇格はあり得ないと回答しているそうです。つまり、過半数の大卒総合職は、ほとんどが平社員で終わる時代になっているのです。

給与はなかなか増えず、ポストにも就けない。これが今の20〜30代サラリーマンの現状です。

20〜30代の年金不安

この厳しい時代を生き抜いた先に待っているのは「長い老後」です。これは「不測の事態」でなく、生きてさえいれば誰にでもやってくる「十分予測可能な未来」です。

今、ほとんどのお年寄りが年金なしでは生きていけない状態です。内閣府の調査によると、今の60代で「年金に頼らなくても大丈夫」としている人は、100人中2〜3人程度しかいません。

これは、あくまで今のお年寄りを対象にしたアンケートです。フィデリティ退職・投資教育研究所がサラリーマン1万976人に実施したアンケート調査によると、今の現役世代の7割以上は「今の高齢者より良い生活は送れない」と感じているのです。

今後、本格的な高齢化社会を迎え、年金を「支える」人は激減します。15〜64歳の人口は、2005年は8409万人でしたが、2055年には4595万人まで減る見通しです。50年間で約3800万人、45%も減るのです。

逆に、年金を受け取る人は増えます。65歳以上の人口は2005年には2567万人でしたが、2055年には3646万人にまで増える見込みです。50年間で約1080万人、42%も増えるのです。

全体で見ると、次ページの図46の右のグラフのようになります。実線が年金を支える人(15〜64歳)、点線が年金を受け取る人（65歳以上）です。支える人と受け取る人の差が、どんどん縮まるのがわかると思います。

図46　年金関係

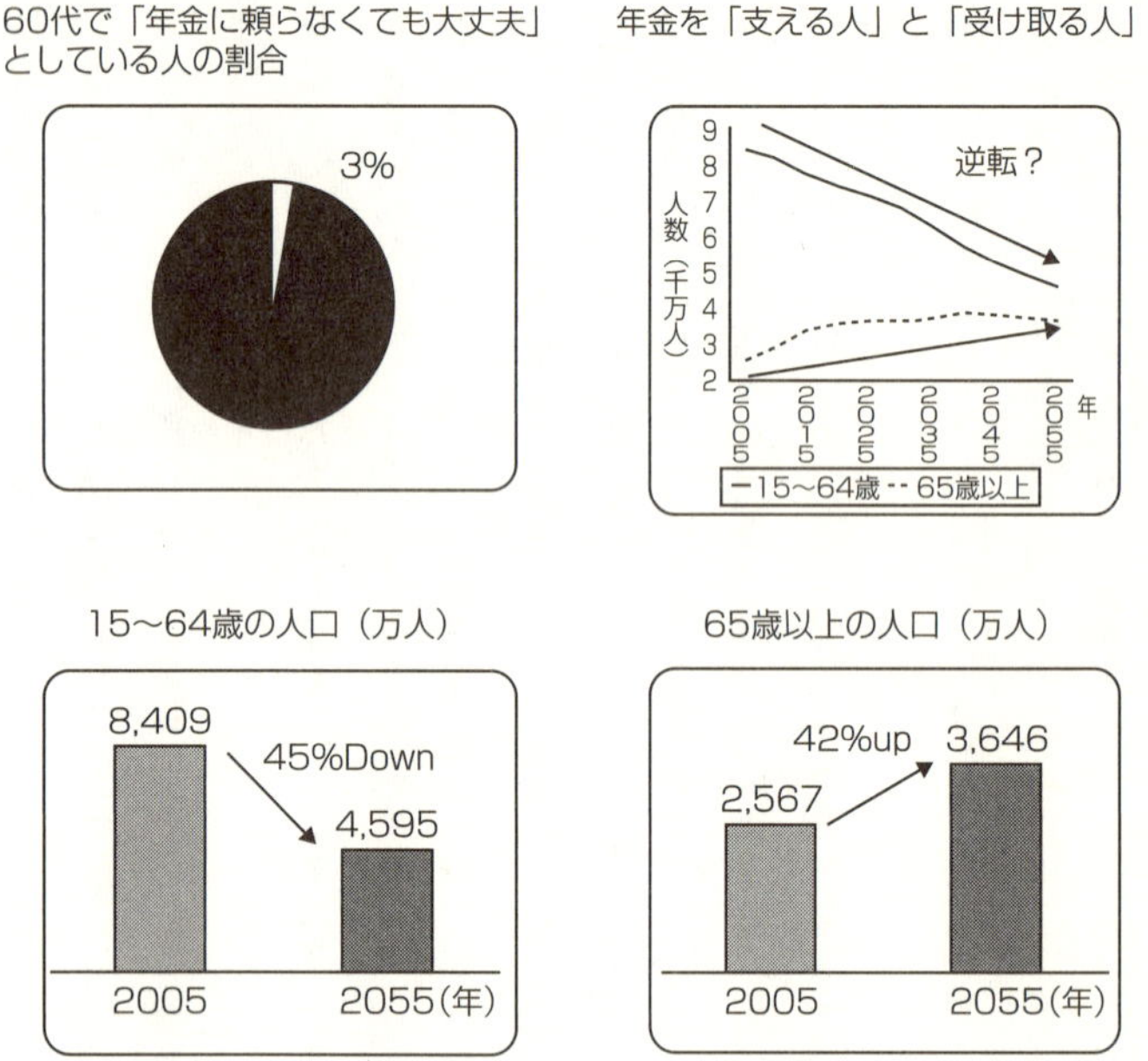

２００４年の年金改革で、厚生労働省は「１００年安心プラン」と称し、１００年先まで現在の年金制度は持つような試算をしました。ところがこれに何名かの識者が異論を唱えています。学習院大学教授の鈴木亘《わたる》氏は、２００９年までの経済実績値を織り込んだうえで試算したところ、現在約１６０兆円の厚生年金基金積立金は、２０５５年頃に底をつくと述べています。早稲田大学大学院教授の野口悠紀雄氏の試算だと、２０３２年です。

かつて、年金支給開始年齢が

65歳に引き上げられましたが、今後の状況によっては、さらなる引き上げや給付額削減の可能性も十分あります。

いくら準備が必要か

それでは、老後の資金として、いったいいくら貯めればいいのでしょう？

２００９年の総務省の家計調査によると、今の60歳以上のお年寄りの収入は、一世帯当たり平均18・３万円ですが、税金や社会保険料を差し引くと手元に残るのが15・９万円です。一方、毎月遣うお金は平均20・４万円です。つまり、毎月４万５０００円ずつ赤字になっています。

すると、65歳から女性の平均寿命の86歳まで、21年間生きるとして、リスクを取らず、運用はしないと考えると、単純計算で１１３４万円が必要になります。別途、葬式費用なども考えると１５００万円くらいが普通に暮らすのに最低限必要なお金と言えるでしょう。

一般的な人の考えを見てみましょう。フィデリティ退職・投資教育研究所が２０１０年４月に発表した、サラリーマン１万９７６人に行った意識調査では、公的年金以外に、ゆとりある老後のために必要な金額は次のようになりました。

図47　世帯主が60歳以上の高齢無職世帯の家計収支（総世帯）

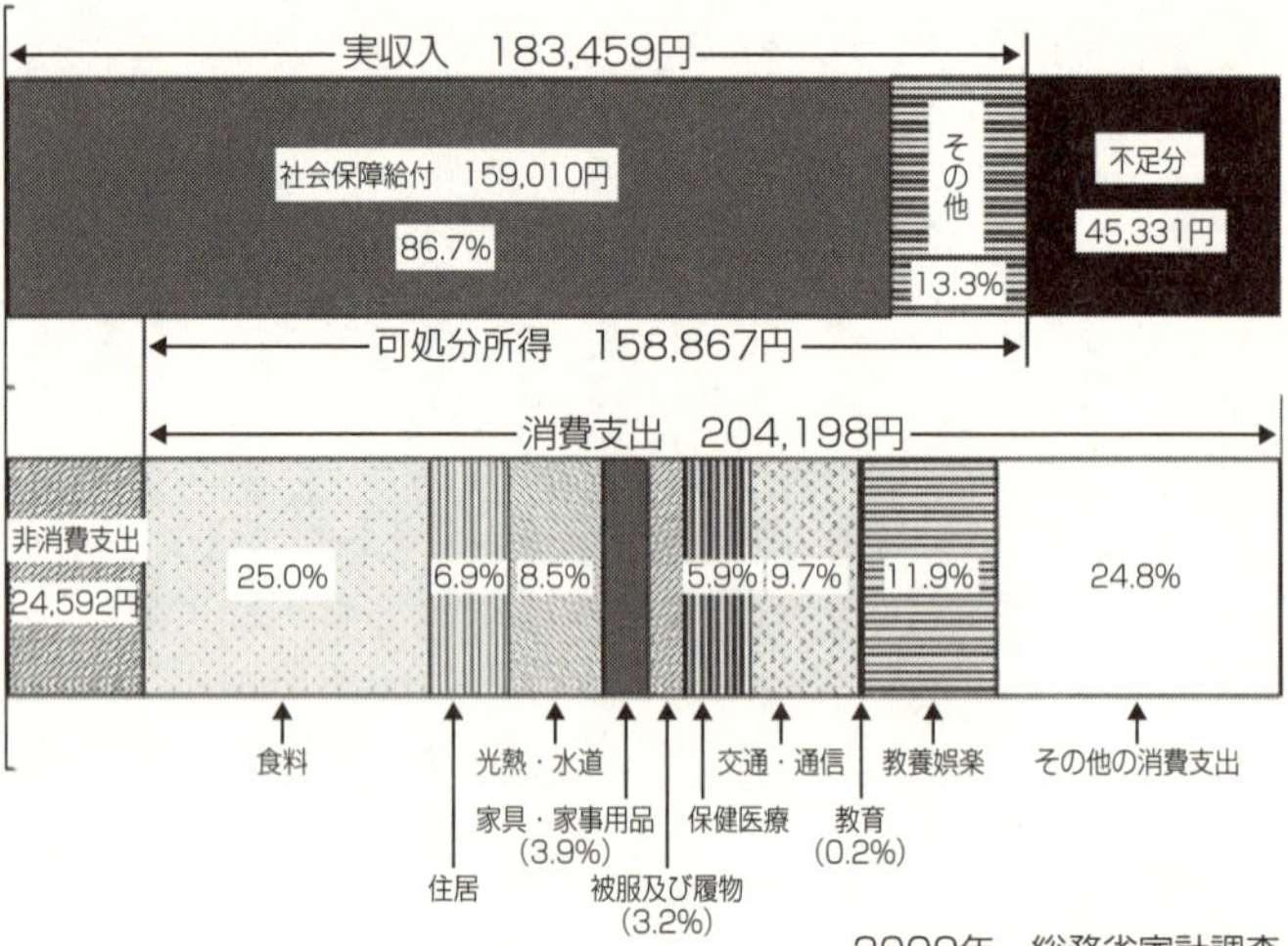

2009年　総務省家計調査

・年収３００万円未満：２５５４万円
・同３００万～５００万円未満：２８３０万円
・同５００万～７００万円未満：３０４８万円
・同７００万～１０００万円未満：３４４１万円
・同１０００万～１５００万円未満：４１０１万円

収入が高い人は生活水準も高くなるので、その分高い金額を欲していますが、約３０００万円が一つの基準でしょうか。この数値を見て、皆さんはどれくらい準備されようと思いましたか？

上記の数値はあくまで「現在の水準で

図48　サラリーマン1万人のアンケート結果

公的年金以外に必要な老後資金

・年収300万円未満	2554万円
・同300万～500万円未満	2830万円
・同500万～700万円未満	3049万円
・同700万～1000万円未満	3441万円
・同1000万～1500万円未満	4101万円

『老後難民　50代夫婦の生き残り術』（野尻哲史／講談社＋α新書）より

年金をもらえる」という前提での必要額です。しかし、既に70％の人が年金の給付は削減されると考え、複数の識者の方もその支給額が減ることに警鐘を鳴らしています。私の見解としては、3000万円あれば十分、少なくとも2000万円は準備しておいた方がよいと思います。しかし、サラリーマンがつみたて投資だけで2000万円を準備するのはハードルが結構高いのです。そのことを次に説明します。

実際に、皆さんはどの程度準備できているのでしょうか。同調査によると、なんと平均でたったの516万円です。標準的な生活で毎月4・5万円ずつ取り崩すと、約10年間で底をついてしまいます。皆さんはしっかり準備はできそうですか？

実際、いくら積み立てればいいか

それでは、具体的に2000万円を貯めるには、毎月いくらずつ「つみたて投資」をすればいいのでしょうか。これについては、年齢によって、つみたて投資が可能な期間が違ってきますの

図49 つみたて投資の期待値（概算値）の求め方

積立額（毎月）×12ヵ月×継続年数×終値別の期待値

終値別の期待値（直線的に上昇した場合）
- 2倍になる商品：1.4倍（40%の利益）
- 3倍になる商品：1.65倍（65%の利益）
- 5倍になる商品：2倍（100%の利益）
- 10倍になる商品：2.6倍（160%の利益）

例）毎月1万円ずつ10年間で価格が2倍になる商品に積み立てた場合の期待値
1×12×10×1.4＝168万円

で、詳しい説明は巻末にある参考資料をご覧ください。ここではポイントと結論だけ述べます。

●ポイント① 投資期間にかかわらず、商品の成績に応じて利益率は同じ

つみたて投資では、価格が直線的に上昇した場合、投資期間にかかわらず、商品の成績に応じてほぼ期待値は決まっています。たとえば、直線的に2倍になる商品につみたて投資をした場合、約40％のリターンを得られます。3倍なら約65％、5倍なら約100％、10倍なら約160％です。「商品が2倍なら投資金額の1・4倍、5倍なら2倍」と覚えておきましょう（あくまで直線的に上昇したケースを仮定しています。実際には直線的ではなく、上下しながら動くので、一つの目安にしてください）。

●ポイント② 2000万円を目指すなら、積立額12

図50　年代別　2000万円を目指す積立額

年代	期間	積立額(月)	投資総額	商品の成績		
				2倍	3倍	5倍
20代	40年	2.5万円	1200万円	約1680万円	約1980万円	約2400万円
30代	30年	3.3万円				
40代	20年	5万円				
50代	10年	10万円				

※あくまで、直線的に上昇したケース。実際は上下に変動するので、参考値として。

00万円を目指す

最初に、1200万円を積み立てると、商品の成績に応じてどの程度のリターンになるか説明します。価格が2倍になる商品で約1680万円、3倍になる商品で約1980万円、5倍になる商品で約2400万円です。ある程度の期間、つみたて投資に取り組み、2000万円を目指すなら、1200万円の積立額を目指すことで、その前後に着地が見込めます。

まず20代の場合は40年間のつみたて投資期間を仮定すると、毎月2・5万円が目安になります。30代の方は30年間のつみたて投資期間を仮定して、毎月3・3万円が目安です。40代の方は20年間のつみたて投資期間を仮定して毎月5万円、50代の方は10年間のつみたて投資期間で単純計算すると毎月10万円です（ただし、特に40～50代の方で5万～10万円というのはかなり厳しい数値に思えます。ある程度まとまった資金がある場合には、一括投資も組み合わせることで調整する方が現実的でしょう)。

いかがでしょうか? 2000万円を貯めるのもハードルが高いと感じましたか? 世の中にそうそう甘い話はなく、つみたて投資でしっかり資産形成をしたければ、ある程度の努力は必要です。

また投資効率を考えれば、ある程度まとまった資金ができた段階で、一括投資も検討した方がよいでしょう。サラリーマンであれば、毎月の給料からのつみたてだけでなく、ボーナスの1割は投資していくなど工夫をするといいでしょう。

資産運用先進国のアメリカでは、国民の3割にあたる9000万人、全世帯の44%の5100万世帯が投資信託を保有しています。ちなみに、日本の総世帯数が約4900万世帯なので、それ以上の世帯で投資信託を保有しています。彼らのほとんどが退職に向けた私的年金や企業年金を通じて、つみたて投資に取り組んでいます。

アメリカの金融機関のサイトを見るとすぐわかりますが、退職に向けたリタイアメントプランニングの情報が充実しています。そして、「年収の10~20%は積み立てていきなさい」「自分の将来のために誘惑を断ち切りなさい」などのアドバイスが書いてあります。

今の日本の金融機関は最低で1000円、通常1万円から取り組めますが、正直、毎月1000円のつみたてをしても、老後の資産形成としては焼け石に水です。1000円を30年間したところで36万円なので、それが2倍になっても72万円です。

慣れるまでは少額でも構わないと思いますが、少しずつ頑張って積立額を引き上げる努力をしてみてはいかがでしょうか。

ひと昔前は、若いうちから老後の準備を考える必要はあまりありませんでした。給与が右肩上がりで伸び、終身雇用で退職金もしっかりもらえ、年金も手厚かったからです。しかも、日本もかつては金利が高かったので、定期預金に入れておくだけで、十分資産運用になっていました。

ところが時代は変わりました。給料はなかなか増えず、負担は増え、預金として寝かせても増えない時代です。せっかくの長い余生を楽しむためにも、つみたて投資を活用して「じぶん年金」を作ってはいかがでしょうか？

大まかな目標を決めたら行動しましょう。まずは始めることが大事です。最初は少額でも構わないので、スタートしてはいかがでしょうか。

第10章　つみたて投資研究記　～一つの証券会社がなくなった物語

これは、私の「つみたて投資研究記」です。つみたて投資は、金融機関にとって、極めて薄利なため、これまでほとんど積極的な推奨がされてきませんでした。

つみたて投資が推奨されてこなかった理由、私が研究し続けた理由、その経緯、考えたこと、背景などを説明します。これは世界で一つしかない「つみたて投資研究記」です。

Kさんとの出会い

大学3年の夏休みに出席した講義が私の転機でした。

信州大学経済学部の学生でサッカー部主将だった私は、日々トレーニングに明け暮れていました。3年生の夏休みに、偶然、Kさん（当時は先生でした）の財務管理の講義に出席しました。その講義が面白かったため、講義後に連絡し、東京でKさんが創業していた日本インベスターズ証券（以下、愛称のニスコと呼びます）に遊びにいきました。

Kさんは快く迎えてくれ、数ヵ月間アルバイトまでさせてくれました。今まで飲食業や体力系のアルバイトしかしたことがなかった私にとって、非常に刺激的でダイナミックな世界が広がっていました。右往左往しながらも、いろいろ勉強をさせてもらいました。

徐々に金融の世界が面白くなってきた私は、そのまま就職希望も出しましたが、Kさんから次のようなアドバイスをいただきました。「一度、大手の証券会社を見て、それから判断しなさい。そっちの方が証券業界のことをいろいろ学べるから」

そして私は、アドバイス通り、三菱証券（現三菱ＵＦＪモルガン・スタンレー証券）に入社しました。

三菱証券時代

三菱証券では大阪の堺支店に営業員で配属になりました。新人研修で、「だいたい3ヵ所くらい担当するエリアを決めて、そこを徹底的に回りなさい」と教わりました。研修後の5月に営業用のバイクを各拠点に置いておこうと思い、早速3台まとめ買いしました。

バイク屋のオヤジが驚きます。「3台？　同じバイクを営業用に？　こんな客、見たことないわ」。しかし購入後、営業で私物のバイクを使ってはいけないということを知り、3台のうち、1台は自分のアパートに、2台はバイク屋に置かせてもらうことにしました。バイク屋のオヤジがまたぼやきます。「何？　買っといて、2台置いておけって？　ますます、こんな客見たことないわ！」

事件は12月のボーナス査定時に起こりました。支店長との面談で、バイクを3台も購入し、おまけに借金があることが会社にばれてしまったのです。しかし、当時の支店長は、本当に優しい人で、「お前みたいな奴は、必ず借金で身を滅ぼす！　俺は、そういう奴を何人も見てきた。これからお前を更生させてやるから、毎月６万円で過ごせ！　通帳は俺が管理する」と……。そして、支店長から実家の母親に電話が入りました。「これから、星野君の給料は全部私が管理しますので……」

その夜、母親に電話したところ、電話口の向こうで母親は泣いていました。心が痛みました。この年になり、母親を悲しませるようなことをしてしまい、自分が本当に情けなくなってしまいました。

翌日、資産管理の依頼状を作り、捺印し、人事部に提出しました。こうして私の「６万円ライフ」が始まったのです。寮の費用以外、１ヵ月６万円で過ごします。これは結構辛かったです。その代わり、毎月、目の前で着々とお金が貯まっていきます。バイクを買ったり散在してできた借金も少しずつ返済していきました。６万円では遊びにいけませんでしたが、お金の有り難みが身に沁《し》みました。

ある休日にＡＴＭでお金を下ろしました。土日は手数料がかかるため、それが通帳に記されました。なんと、それが支店長に見つかり、怒鳴られました。「お前は、この１００円をもったいないと思わないのか！　そんなことだから、ダメなんだ！　お客さんの資産管理をする前に、自分の資産管理をしろ!!」

自然と金銭感覚は研ぎ澄まされ、缶ビールがものすごく高く感じるようになっていました。「俺はこのまま何年間、この生活を続けるのだろう?」」。この間、通帳のお金はどんどん増えました。しかしお金は貯まっても心は満たされません。

当時の楽しみは、先輩が食事をおごってくれることでした。先輩はみな優しく、よく連れていってくれました。「困っている時に助けてくれると嬉しいなぁ」と考えながらも、同時に「自分の仕事が、本当にお客様の役に立っているのだろうか?」と悩むことがありました。

そんな時、大阪に出張にきたKさんと、久しぶりに会う機会がありました。私の置かれている状況や悩みなど、いろいろ相談しました。Kさんが「自分の理想とは何か」を語ってくれたのは、その時でした。

「お客様が生涯にわたって資産運用の相談ができる金融機関を創りたい」

学生時代にアルバイトしていた時も、おそらくこの話は聞いたことがあったのだと思います。しかし、当時は漠然としかわからない部分が多かったのでしょう。社会人になり、間抜けなことをして、人に助けられる有り難さを痛感し、自分がお客様に貢献できていないという悩みがあったからか、「お客様のため」というシンプルなKさんの志《こころざし》は非常に新鮮で魅力的に思えました。

私は、Kさんの理想のために頑張りたいという一念で、転職を決めたのです。

ニスコでの快適（?）もやしライフ

２００６年7月、ニスコに入社しました。入社時にたまたま株主の異動があり、自社株を買えるタイミングだったのと、会社が成長する期待感があったので、親類に借り入れし、株を思い切って買いました。その結果、24歳で最年少社員にもかかわらず、役職員で3番目の大株主になって入社したのです。

ニスコの特徴は、「アドバイザー」に転勤がない点です。お客様の資産運用を長期にわたってずっとお手伝いするために、営業マンを雇うのではなく、地域で活動しているファイナンシャル・プランナー（FP）や会計事務所の人と提携して、お客様に商品販売や継続フォローをしてもらいます。お客様は「地域に根付いた相談相手」と付き合っていくことができます。

今の日本の金融業界は転勤のある営業担当者が主力です。営業担当者はその支店にいる間にいくら手数料を稼ぐか等で評価が決まるので、お客様の長期的な資産成長より、自分の評価に繋《つな》がる提案や会社の方針に沿った提案をしがちです（それは担当者が悪いのではなく、そういう人事制度なので仕方ないと思います）。

ニスコは、そうしたお客様と金融機関の利益相反をなくして、投資家が一生安心して長期投資をできる環境を整えようという想いで創られた証券会社でした。転勤がなく一生涯付き合う担当者の場合、お客様に不利になるような提案はしづらくなります。なぜなら、転勤がないため、地元で変な評判が流れたらその人の商売は続かないからです。そのため、安易な短期売買提案などはなくなります。

　こうしたビジネスモデルの証券会社は、海外には成功事例がいくつもありました。ところが、日本にはこれまでなかったので、Kさんが創業メンバーの一人となり、日本で初めて創られたタイプの証券会社でした。

　契約しているファイナンシャル・アドバイザーは３００人規模の会社です。提携先の90％以上は地方の税理士・会計士事務所で、こうした会計事務所のお客様に金融商品を販売していました。

　夢と希望に燃えて入社し、土日もなく働いて、同社最年少の24歳で九州エリアマネージャーに就任しました。九州地区のファイナンシャル・アドバイザーの人たちを対象にした、ＯＪＴや研修、セミナー支援をする役割です。社員もファイナンシャル・アドバイザーも30〜50代で年上ばかりです。全てが勉強になり、刺激的で、やりがいに飢えていた私の心も満たされた日々でした。毎週九州に通うため、羽田空港の近くに部屋を借り、ひたすら仕事に打ち込みました。

無理して自社株に投資した分、収入の多くは借金返済に消えていきました。手元に残るお金は毎月3万円でした。三菱の6万円時代が、リッチに思えました。これでは、さすがに缶ビールも飲めません。食事は、もやしが中心です。週末に具のないカレーをつくり、それをずーっと食べていました。たまに卵などを入れ、味を変えて食べました。

出張すると、そこにはオフィスがありません。しかし、喫茶店には行けないので、公園や駅のベンチで作業をしました。夏は暑く、冬は寒かったです。立て替えた出張費の清算のタイミングがずれると本当に死にそうになりました。

住む部屋もボロアパートで、最悪でした。日は当たらず湿気がすごくて、夜に目を覚ますと、ゴキブリの行列が壁を這《は》っていました。

当時、こんな私を見捨てずに付き合ってくれた彼女がいました。しかし、金銭感覚が異様に研ぎ澄まされていた私は、彼女が120円のペットボトルをコンビニで買ったことに激怒し、喧嘩になったこともありました。今思うと、あり得ない生活だったと思います。ただ、極貧でしたが、充実した日々でした。「頑張って、早く給料がたくさんもらえるようになろう！」。その思いだけがエネルギーになりました。

様々な問題が見えてくる……

当時、ニスコは、創業9期目でも、まだ赤字でした。少しずつ資産を積み上げて、ようやく単月ベースでは黒字化しだした時期だったのです。

証券会社は、お客様に商品を売り買いしてもらった際に、販売手数料が手に入ります。ですから、営業担当者は、買ってもらった商品が少し上昇して利益が出たら、それを一度売却してもらい、そのお金で次の商品を提案したりします。そうすると、商品を買ってもらうたびに販売手数料が入るからです。

それを繰り返した場合、証券会社は儲かりますが、お客様の資産はなかなか増えません。今でも、ほとんどの証券会社が、商品の販売手数料を目的にした提案を行っています。

ニスコは、お客様の長期の資産形成の支援をすることを使命としており、一度購入してもらったら、短期売買は提案しませんでした。基本は、最初に買ってもらった商品を、ずっと持ち続けてもらうという姿勢に徹していました。そうして少しずつですが、お客様の資産を積み上げていき、9年かけてようやく黒字化が見えてきていたのです。

私はそんな時期に入社しました。新しい組織に入ると、それまでいた人たちが気づかなくなっている問題点が、いろいろと見えると思います。9年間も赤字が続くと、どうしても

「赤字」に慣れてしまいます。赤字になっても、「そういうビジネスモデルだから……」ということで片付けられているのに違和感を覚え、もっと収益にこだわり、早期の黒字化を目指すための施策を行うべきだと、入社直後から、経営陣にいろいろと提言しました。

先輩たちから見たら、面白いわけがありません。今まで積み上げてきたものがようやく実ろうとしている時に、いちばん年下の新入社員に物を言われているのですから。

私の考えを聞いてくれたのは経営陣ではKさんだけでした。Kさんは、個人としては一番の株主です。にもかかわらず、入社1年目の若者の意見に耳を傾けてくれました。年齢や立場を超えて話し合いをしてくれたのは本当に嬉しかったです。

社長や、他の役員は、自社株をほとんど持っていませんでした。創業時の社長や役員はほとんど退任していました。当時の経営陣の多くは株を持たない途中入社された方々だったのです。創業時からの経営陣で残っていたのはKさんだけでした。

ですから、今までのやり方を変革して、早期の企業価値の向上を図るより、自分たちが続けてきたことを守ろうとする「保守的な思考」が強かったと思います。社内では、「愚直に貫く、やり抜く!」が合い言葉になっていました。そんな雰囲気の中で、私は少しずつ疎外感を味わうようになっていきました。

少しずつ深まる先輩社員との溝

毎週、九州に出張して現場を回り、土日に東京のオフィスでデスクワークをこなす日々が続きました。しかし、もっと辛かったのは、現場を回るうちに、自分たちが、お客様にとって本当に魅力的なサービスを提供できていないと痛感したことです。

ニスコの理想自体は高かったものの、現場とは大きなギャップがありました。自発的にお客様に提案からフォローまでをするアドバイザーはごく少数で、多くのアドバイザーは上手《うま》く稼動していませんでした。理由は、会計事務所やＦＰの方は、本業や保険販売など、他に仕事を持っていたからです。

九州に行くたびに、飛行機代と宿泊費、交通費などで、４万〜５万円の経費がかかります。私生活は死にそうなほどに切り詰めているのに、出張に行くたびに、自分が借金までして投資した会社の資産が減っていく気がして、辛かったです。

それでも、経営陣への提言はし続けました。人事評価の時は、会社の方針を変えようという意思を、態度でも明確にしました。新しいアドバイザーの開拓目標を「０件」として提出しました。会社から与えられた職務をボイコットしている状態です。一社員としての立場だけでは、そんなことはできなかったと思いますが、株主として企業価値を高めたいと思って取った行動でした。

一方で、諸先輩方に対して、不満が募りました。それは態度にも表れます。当然、先輩社員からしたら面白いわけがありません。個室などに呼ばれ、苦言を呈される日々が続きました。

新しい企画を立ち上げるも

2007年3月末に、社会福祉法人の資産運用が解禁になったのを機に、社会福祉業界向けのプロモーションをする企画を始めました。規制緩和にはチャンスが生まれると思い、業界のキーマンや各団体と関係を作り、全国でセミナー展開を始めました。

これで一気に資金を集めれば、すぐ黒字化できるし、従来の提携先に依存し過ぎないモデルが作れるかもしれないと思い、全力で取り組みました。

しかし、この企画を心から応援してくれたのは、やはりKさんだけでした。

「星野がやることは、放っておけ」。そんな雰囲気を感じました。上司に進捗《しんちょく》状況を報告して、もっと組織的に活動できないかと相談しました。しかし、反応は鈍く無視されているかのようでした。とにかく収益が欲しい私は、本来の仕事より、新しい企画の仕事に注力するようになっていきました。

この頃は、九州担当でありながら、ほとんど九州に行かなくなりました。毎回5万円、自分の身銭を切るようなものだからです。

「収益にならないのだから、そもそも九州へ行っても仕方がない、でも、行かないと案件は上がらない……」。そんな悪循環に陥りました。フラストレーションは溜まる一方です。そんな思いもあり、自分で頑張れば直接結果がつかめそうな新しい企画に、ますます注力していきました。

しかし社内の雰囲気は、「営業は現場を回れ。案件を上げてもらい、お客様と同行しろ。1ヵ月に30件はお客様と接触しろ!!」というものでした。営業会議も、「今月は○件顧客を訪問しました……」。その繰り返しです。

「自分たちが動くんじゃなくて、提携先が本当に自発的に動いてくれるようなモデルにしないと絶対に成功しない！」。何度も提言しますが、相手にされません。上司からすると、今までの仕事をないがしろにしているように見えたのでしょう。そう言われたら、確かにその通りです。しかし私は、「社員」としての意識以上に、「株主」としての意識が強かったのです。「今やっている方法でダメなら、新しい方法に変えた方がよい」。まさに背水の陣でした。

当時ニスコは、創業以来、初めて四半期で黒字を達成していました。先輩たちにとっては、ようやく今までの努力が報われだしたと考えるのも当然だと思います。先輩社員の冷たい反応、生意気なことを言うがゆえのプレッシャー。精神的に辛い日々が続きました。

そんな時でも、Ｋさんは良き理解者でした。Ｋさんは、会社の大株主でもあったので、危機意識を共有できたのだと思います。本当に有り難かったです。Ｋさんと共に全国を回り、セミナー用の資料作り等に精を出しました。それが心の救いになりました。

社長と取締役に退陣要求

２００７年9月から、サブプライムショックの影響で相場が下がりました。「これで一気に販売が落ちるのでは？」。嫌な予感がしました。案の定、販売がぴたりと止まってしまいました。業績も急激に悪化し、再び赤字になりました。提携先の会計事務所は、お客様に損が出るのを最も嫌がります。本業にも影響するからです。相場が下がり出すと同時に、彼らのやる気も一気に下がり、販売も落ち込みました。

このままでは倒産です。私は会議室でＫさんに訴えました。「今のやり方では絶対に成功しない!! 早急に経営を改革すべきです！」。Ｋさんも同じような危機意識をもっていたのか、心から共感してくれました。同じ内容を他の経営陣にもぶつけます。しかし、それでも経営は変わりません。「以前と同じことを愚直にやり続ける。そうすれば報われる」という反応ばかりで、どれだけ騒いでも相手にされません。

２００７年10月、取締役と社長室で話し合いました。本音でぶつかりました。「ニスコは今のままで成長できると思いますか？」「モチベーションの低い提携先の新規開拓をして、収益があがりますか？」「私たちは、本当にお客様に価値あるものを提供しているのでしょうか？」「なぜ、私たちの会社は利益が出ないと思いますか？」……。

しかし、納得のいく回答が得られないことに苛立《いらだ》ちが募り、「本当に黒字にする気があるんですか⁉　社員としての立場はもうどうでもいい。株主として、あなたには経営から降りてほしい」。心の底から辞任を迫りました。

その後、社長とも話し合いました。社長は61歳。証券業界では輝かしい実績のある大先輩です。しかし、私にはそんな実績は関係ありません。社長も同様に具体的な策がないと感じ、社長辞任を要求しました。

「お前はうるさい。責任は私が取るから、静かにしろ‼」「どうやって責任を取るんですか？　私の株を買ってくれるんですか？　会社を辞めることが責任を取ることじゃない。社長が辞めたって、株主のおカネは戻ってこない。今すぐ経営から降りてください！」

私が最も驚いたのは、「株主としてとは、何だ！　お前は社員だろう‼」という発言でした。「株主としての発言もできない会社に、自分は投資してしまったのか……」。その時は、本当に悔しかったです。

孤独で辛い職場生活

根も葉もない噂が流れました。「星野はニスコが嫌いらしい」「星野は、仕事が嫌になったんだろう」。職場で完全に孤立しました。

会社を良くしようと思って行動し、発言し、こんなことになってしまいました。これが社会なのかなと思いました。そんな中、僕の人生で、最大の怒りと憤りを感じることが起こります。

それは、給与の査定です。ニスコはしっかりした人事制度が確立されておらず、入社時に面接で給与を決めるやり方をとっていました。設立当初のメンバーは給与水準が高かったのですが、業績が低迷していたため、後に入社するにつれ、給与は低くなっていて、給与体系が歪《いびつ》な構造になっていました。

その結果、社歴の長い社員と、短い社員の給与格差は大きくなっていました。しかし、それでは人材確保も難しいということで、しっかりした給与制度を作ろうということになったのです。

私に下された評価はこうでした。「君は頑張った。最大限の評価をした」。個室でそう言われました。そして、評価を見せてくれました。

目を疑いました。なんと、200くらいあるランクの中で、いちばん底辺のところにランクされていたのです。「何ですか、これ……？　何で、最大限の評価で、最低の位置になるんですか？」

「いやなら、辞めていいよ」

何のために働いているのか、わからなくなりました。何のために身を粉《こ》にしてきたのだろう。頑張ろうという気持ちが薄れていきます。経営幹部や役員は、自社の株をほとんど持っていません。ゼロの人も結構います。それが憤りを倍増させます。なんで、こんな会社の株を大量に買ってしまったのだろう……。

ベンチャー企業では、「チャレンジャー精神」が大切だと思っていました。しかし、実際は大企業と変わらないのではないだろうか？　入社してすぐの頃は、希望に燃え、仲間もどんどんこの会社に誘おうと思っていました。しかし、その時は、「こんな会社、絶対に仲間は呼べない。自分が最も嫌いな組織だ」と考えていました。

Kさんの言葉にふっ切れる

本当に会社を辞めようと思いました。どうせ辞めるなら、最後に自分の意見を訴えたかったので、それはやはり、創業者で大株主のKさんしかいないと思い、エレベーターホールで直訴しました。「Kさん、僕に経営させてください！」

「君とは、確かに考え方を共有できる。しかし今、君の言うことを聞く社員はいない。経営は、社員が動かないと何もできない。君は、まず相手の立場に立って、相手がどう思うかを考えなければいけない。それから、相手に不快感を与えることなく、わかりやすく伝えることを学ばないといけないよ。そうしないと人は動かないし、人が動かないと計画は上手くいくわけがない。今の君は自分が言いたいことを言ってるだけ。そうだろ？」

その通りでした。私は目上の人に対する礼節だとか、報告だとか、そういうことを怠《おこた》っていたのです。自分が後輩にされたら、腹が立つことばかりしていました。また、他人のせいにばかりしていたように思います。私は本当に未熟だったということに気づかされました。

ただ、Kさんは、別に私に、「考え方を変えなさい」と言ったわけではありませんでした。どちらかというと、私の考え自体は認めてくれたのです。くよくよしていても仕方がありません。人間関係が悪くなってしまったのも、起こってしまったのだから、仕方ない。今がいちばん悪い時だと思えば、これからは良くなるしかない。

反省しているだけでは、黒字になりません。放っておいたら会社が倒産してしまうという事態に変わりはないのです。考え方は今まで通り、いや、今まで以上に、「本当に、お客様に喜んでもらえる価値あるサービス」を追求しなければいけない。

何か、ふっ切れた気がしました。

「本当に自分が納得し、お客様に自信を持って提供できるサービスを探す」

このために、まずは自分の担当地区である九州に行くのをやめました。まったくゼロにはしませんでしたが、回数はさらに減らしました。

新規提携先の開拓をやめて、出張にも行かないという決断。営業としては、何も仕事をしないことを意味します。ずーっと赤字を垂れ流しの状態で、数字を追わなければいけない営業の身分でありながら、目先の数字を追うのをやめました。

株主だったからできた決断でもありました。サラリーマンとしての評価を捨てて、本当の顧客満足を追い求める決断です。倒産したら評価も何もありません。あるのは借金だけです。今のままでは、遅かれ早かれ倒産するのだから、本当にお客様のためになることをしないと、企業としても存続できないし、自分自身も納得できません。

「目先ばかりを変えても、どうにもならない」と、退路を断ちました。

一日24時間考えました。朝も昼も夜も、食事中も、風呂場でも、ランニングしながらも、トイレでも、夢の中でも考え続けました。答えがあるのかなんてわかりません。わかっているのは、今のままではダメだということくらいです。

サブプライムショックの余波はまだ続いており、業績は右肩下がりです。私がせっかく作った企画も、反応が急に鈍り停滞しました。それでも、藁《わら》にもすがる思いで模索しました。「きっと何かある。あるはずだ」。いろいろな本を読み、考えました。自問自答を繰り返し、ヒントを模索し続けました……。

ある出張で気づいたこと

久しぶりに、いくつか案件が重なり、九州出張に行くことになりました。そのお客様のご相談は、毎月2万円の「つみたて投資」でした。通常の金融機関なら儲けにならない、ムダな作業にしかならない数字です。私も非常に残念でした。

しかし、そのお客様は本当に喜んで申し込んでくれました。何か「ほっ」とした感じのその笑顔は、自分が今まで見てきた笑顔と違いました。素直に私も嬉しくなる笑顔でした。

その様子を見て、「自分が探し求めているのは、これかもしれない」と、ふと思いました。「お客様が笑顔を見せるものは何か」を求めていたから、感じ取れたのだと思います。出張のお陰で、私は「つみたて投資」というヒントを得ました。

会社のデータを分析したところ、驚くべき数値を発見しました。なんと、お客様の半分以上が、すでにつみたて投資をしていたのです。ネット証券は別にしても、大手証券会社だと、つみたて投資をしているお客様の割合は、全口座数の1％にも満たないと思います。つみたて投資は、通常の証券マンの感覚から言うと、収益にならなすぎるのです。私自身、営業をしていた経験から言って、つみたて投資をお客様に推奨するなどということは、ほとんどあり得ません。

一つ、疑問が湧きました。「なぜ、ニスコはこんなにつみたて投資のお客様が多いのだろう？」

ニスコの提携先は、多くが会計事務所で、本業を持っていました。ですから、金融商品を販売しておカネ儲けをしようという人が少なかったのです。逆に、投資の話をしてお客様に損をさせたら、本業にも影響が出るので、本気で投資の提案をしようという人はほとんどいませんでした。だから、お客様に本当に必要だと思った提案しかしなかったのです。

金融機関の営業マンと異なり、手数料を追い求めないアドバイザーの人たちが、つみたて投資だけは、積極的に提案していたのです。

「つみたて投資には、何か人に伝えたくなる魅力があるのかもしれない。そこに、本当に喜ばれるサービスのヒントがあるのではないだろうか？」

「つみたて投資」にすべてを賭ける

「つみたて投資」という希望を見つけました。しかし、最初の壁が立ちはだかります。そもそも今、つみたて投資の販促に注力すべきかどうかです。

これには、さんざん迷いました。「つみたて投資には何か可能性を感じる。しかし、これに賭けていいのか？　ニスコは傾きかけている。つみたて投資でニスコを黒字化させることができるのか？　正直、無理だと思う。手数料が少なすぎるから。今は、全部の力で、何十億という大口の資金導入に、労力のすべてを注いだ方がいいのではないか？」

収益が欲しいと考えたら、「効率よく稼げる方法」を選ぶのが当然です。それが普通だと思います。企業業績が悪化する中、つみたて投資のような「超小口の提案」に賭けるのは自殺行為だと思います。

正直、自信もありませんでした。しかし、直感を信じて、つみたて投資の研究に全てを賭けました。ルーレットでピンポイントで全部を賭けた感覚です。この頃は何かふっ切れた感じがしていました。

一つ目の壁はなんとか越えても、すぐに次の壁が立ちはだかり、絶望を感じました。つみたて投資とは、あくまでも「考え方」です。「毎月、少しずつ投資をしましょう」という単なる考え方なのです。「商品」ではありません。

つまり、「朝は、挨拶をしましょう」「犬は散歩させましょう」「花に水をやりましょう」と同じ次元です。誰にでも言えることですし、そこに価値があるのかどうかなんてわかりません。

まだ、実績のある経営者や著名な方が発言するなら、それなりに重みもあるでしょう。しかし、私みたいな何もない若造が、「コツコツつみたて投資をしましょう」と言っても、何か意味があるのでしょうか？

しかし、それをしようとしている。答えはあるのか？

何万回も諦めかけました。弱気になると、途端に不安が襲ってきます。

「お前の選択は間違っているのではないか？　このままでは倒産だぞ。路頭に迷い、借金しか残らないぞ」

しかし、そのつど、九州出張で、つみたて投資に申し込んでいただいたお客様の笑顔が思い浮かんできます。

「本当に諦めていいのか？　確かに、お客様は喜んでくれる。それだけは信じることができる。それを信じるしかない」

一日の間で何度も、「やっぱり無理だな」と思っては、「いや、でも何かあるだろう」と思い直し、その繰り返しです。当時の私を支えてくれたものは3つでした。
①諦めてもいずれ倒産するし、株は売りたくても売れないという事実
②お客様が、心から喜んでくれた経験
③つみたて投資のお客様が、全体の半分以上もいるというデータ
この3点を拠《よ》り所に、不安で揺らいだ時でも、ぎりぎりのところで踏みとどまることができました。

「できない理由より、できる理由を見つけよう」

冷静になると、すぐに不安になり、諦めそうになります。そんな時は手を叩きます。高校のサッカー部時代から、手を叩いて気持ちを切り替えるトレーニングをしていました。サッカーの試合中に、ミスをしたからといって気持ちを引きずっていてはいけないと、監督に叩き込まれました。大学時代も含めて、12年間やり続けてきたので、頭にそういうスイッチができたようです。

それは、今回も役に立ちました。こうして一人手を叩き、世界で一人しか経験したことのない、つみたて投資の研究生活を続けました。

視線を未来に向ける

「冷静になってはいけない」。これが自分のモットーです。疑ってはいけない。自分を信じるだけ。「信じるものは救われる」と毎日唱えました。

当時、金融業界で使われていたつみたて投資の説明用資料といえば、

①つみたて投資が口数を効率よく買う理屈を述べたもの（ドル・コスト平均法の説明資料）

②長期で続けた場合の効果（複利のチャート）

③過去の実例

くらいのものでした。どの証券会社のホームページを見ても、本屋で探しても、海外も含めサイトで検索しても、ほとんどコンテンツがありませんでした。理由は、儲からないし、誰も本気で伝えようとしていなかったからだと思います。

なぜ、お客様が喜んでくれるのか、いろいろ仮説を立てます。聞いたことがないから、少額でできるから、効率が良いから、自動だから……。何に魅力を感じてくれるのか、模索する日々が続きます。「その魅力を最大限に伝え、サプライズを届けたい」。それが命題です。最初は過去のいろいろなシーンのデータを引っ張ってきて検証しました。しかし、過去の

図51　視点を未来へ飛ばす

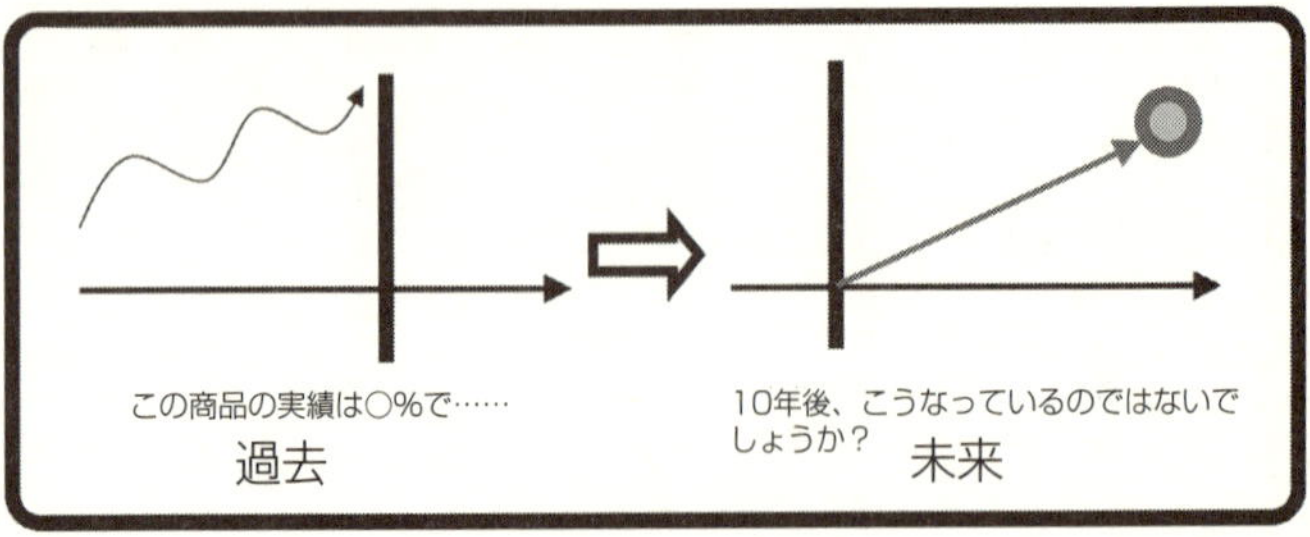
この商品の実績は○%で……
過去
10年後、こうなっているのではないでしょうか？
未来

データを使用すると、どうしても読み手を説得しようとしている感じになってしまいます。

「どうしても、そこに恣意《しい》性を感じてしまう。データを取る期間によって、見え方や結果はずいぶん変わってくるわけだし……」

悩みながらも、一つの結論を出しました。

「『過去のデータ』は、使うのをやめよう」

投資の魅力を訴える資料のほとんどは「過去の実績」を謳《うた》うものです。過去何パーセントで回ったとか、利益がどれだけ出たとかです。しかし、私はこれがあまり好きにはなれませんでした。「過去、これだけ良かったですよ」とばかり言うのは、個人的に好かない点も多かったからです。

人間に置き換えればわかります。自分の「過去の実績」を自慢する人には魅力を感じないと思いませんか？　それより、将来のビジョンやプランのことを語る人に魅力を感じるでしょう。

投資の世界は、いくら過去が良くても、これから先はどうなるかわかりません。ですから、過去がどうとかそんなことより、未来に視線を向けようと決めました。

不安との闘いの日々

といっても、何をしていいかわかりません。冷静になると負け。だから、手を叩く。いつしか、高校時代より手を叩き続けていました。

休日も関係なく何冊もノートに考えを整理し、何千パターンものつみたて投資の検証を重ねました。続けているうちに、いろいろと今まで知られていなかった特徴が、何となく見えてきました。お陰で、つみたて投資について、かなりマニアックになったと思います。

「今、日本の金融業界で、投資信託の販売員は53万人いる。引退した人を含めると100万人くらいいるのだろうか？　世界で考えたら300万人くらいかな？　おそらく、その中で、つみたて投資に関しては私がいちばん詳しいだろうな」と思うと、利益につながらなくても、誰もわかってくれなくても、変な満足感がありました。

研究に熱が入り終電を逃すと、会社の社長室のソファーで寝ることがありました。ソファーに寝ると翌日体が痒《かゆ》くなるので、何かがいたんだと思います。新橋のサウナにもよく泊まりました。段ボールサイズの青いシートを敷き、いびきと歯軋《はぎし》りの狭間で夜を越しました。

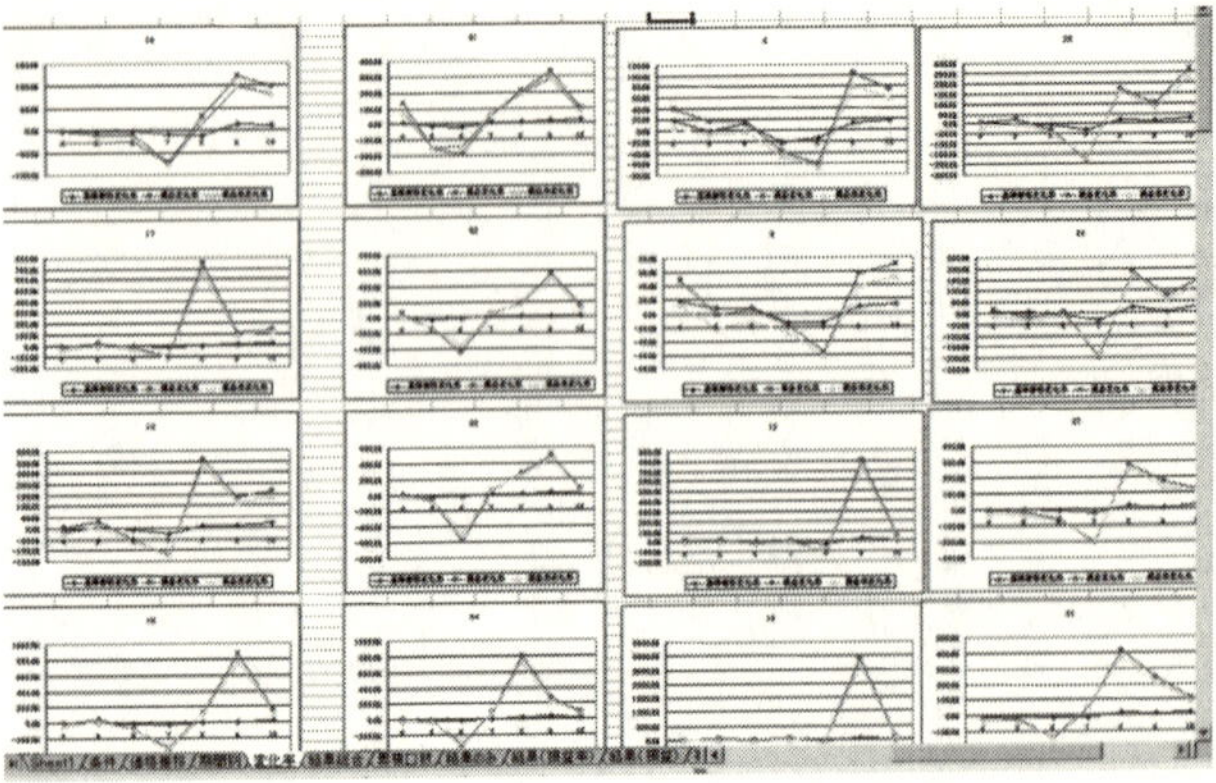

毎日、とにかく手を動かして、いろいろなパターンを検証しました。思いついたことはノートに書き写し、イメージを膨らませました。

図 52 「つみたて投資」の検証の日々

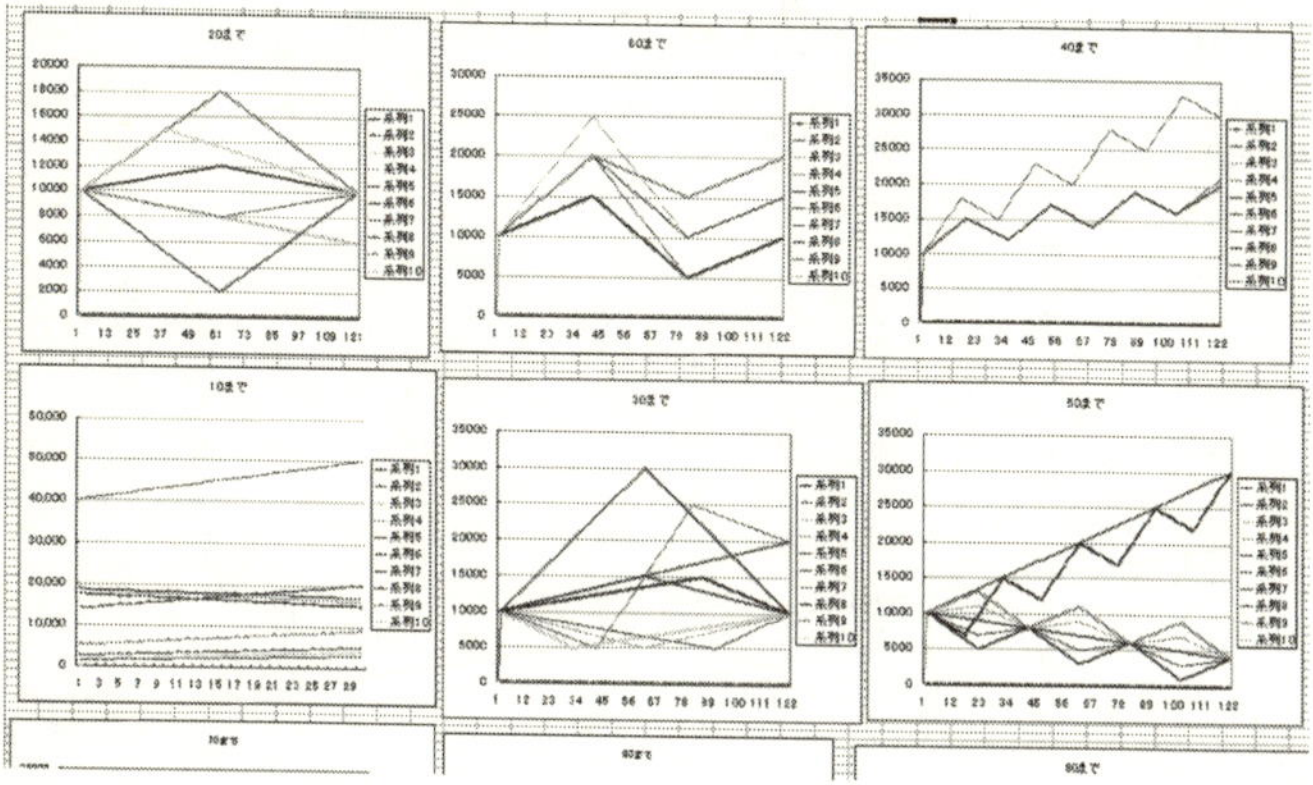

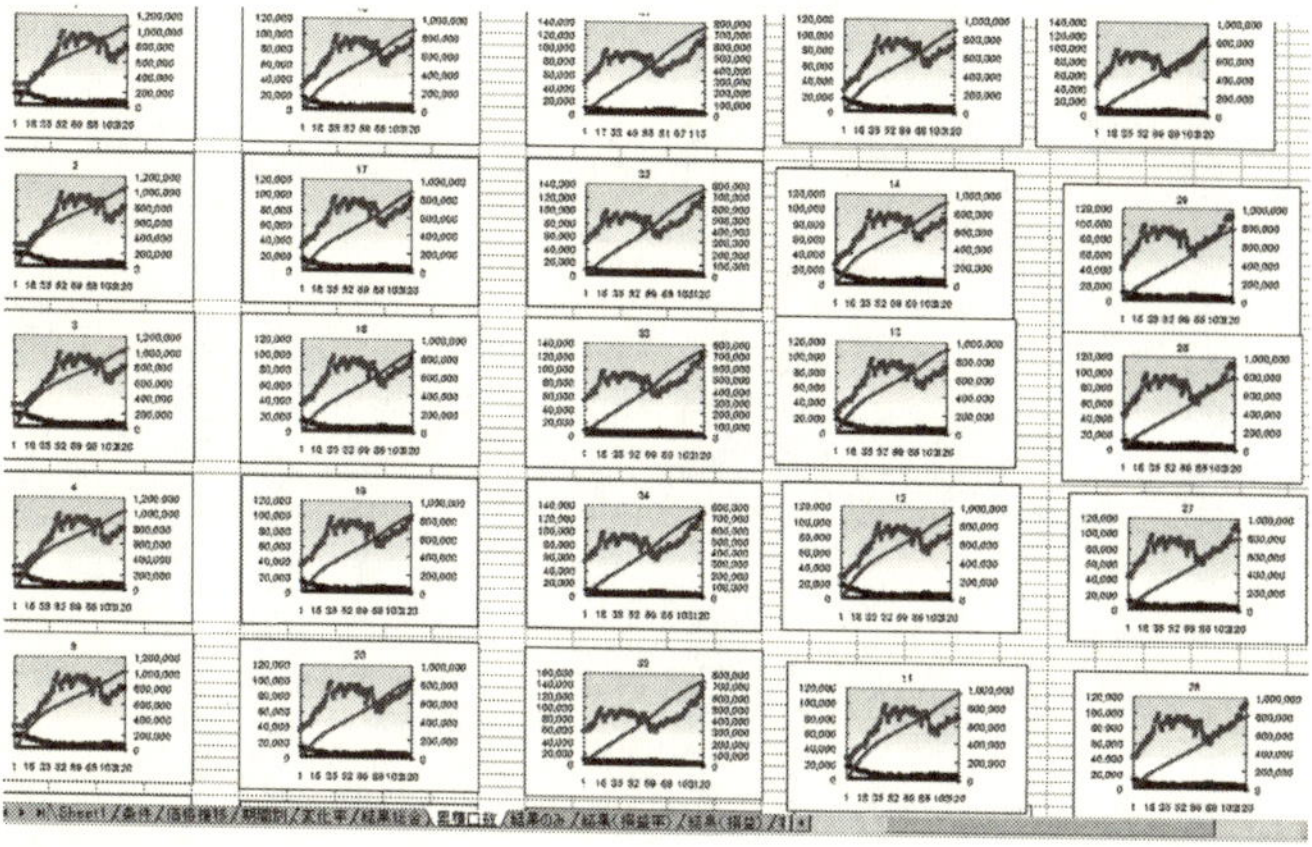

回数を重ねるうちに、スカイルーム（有料）に行く階段の踊り場は、人通りも少なく静かなことを発見し、そこを定位置としました。

ひたすらテストしては失敗しての繰り返しで、いよいよ行き詰まっていました。袋小路に入ったようです。「やはり、『考え方』を魅力的に伝えるなんて無理なのかなぁ」。何度も弱音を吐きました。

人生を変えたグラフ

２００８年1月17日の夜、例によって会社に泊まっていました。翌日は、自分が作った企画に関連する大きなセミナーが、グランドプリンスホテル新高輪で予定されており、Kさんが30分ほどプレゼンする時間が設けられていました。ここで、なんとかして新しい資料を使いたいと思い、会社で四苦八苦していました。深夜、コンビニに夜食のカップラーメンを買いにいき、冷たい夜風に吹かれながら考えました。

「そもそも、何のためにこれを作ってるんだっけ？　研究することが目的化してないだろうか？　発端は、ニスコが潰れそうで、その原因は、お客様に対してきちんとした価値あるサービスが提供できていないからだ。本当に喜んでもらえるものを作って、それをお届けすれば、収益はあとからついてくるんだよな……。お客様が喜ぶものって、何だろう？」

コンビニでカップラーメンにお湯を入れ、オフィスに戻ります。カップ麵をこぼさないように、そっとエレベーターを降りました。

その時でした。エレベーターホールでのKさんの言葉を思い出しました。

「君は、まず相手の立場に立って、相手がどう思うかを考えなければいけない。それから、相手に不快感を与えることなく、わかりやすく伝えることを学ばないといけないよ。そうしないと人は動かないし、人が動かないと計画は上手くいくわけがない。今の君は、相手の立場に立って考えることができていない。自分が言いたいことを言ってるだけ。たとえ君が言ってることが正しくても、仲間に嫌われてしまったら、何もできないじゃないか。そうだろ？」

「『相手の立場に立つ』かぁ……。お客様の立場に立つ。これから初めて投資をするお客様の立場に立ってみたら、何をしてもらうと嬉しいんだろう？」

やっぱり、損するのが怖いよなぁ。

つまり、「下がる」のが怖い。

下がるのが怖い……。

図1　半値になっても（P4、P20と同図）

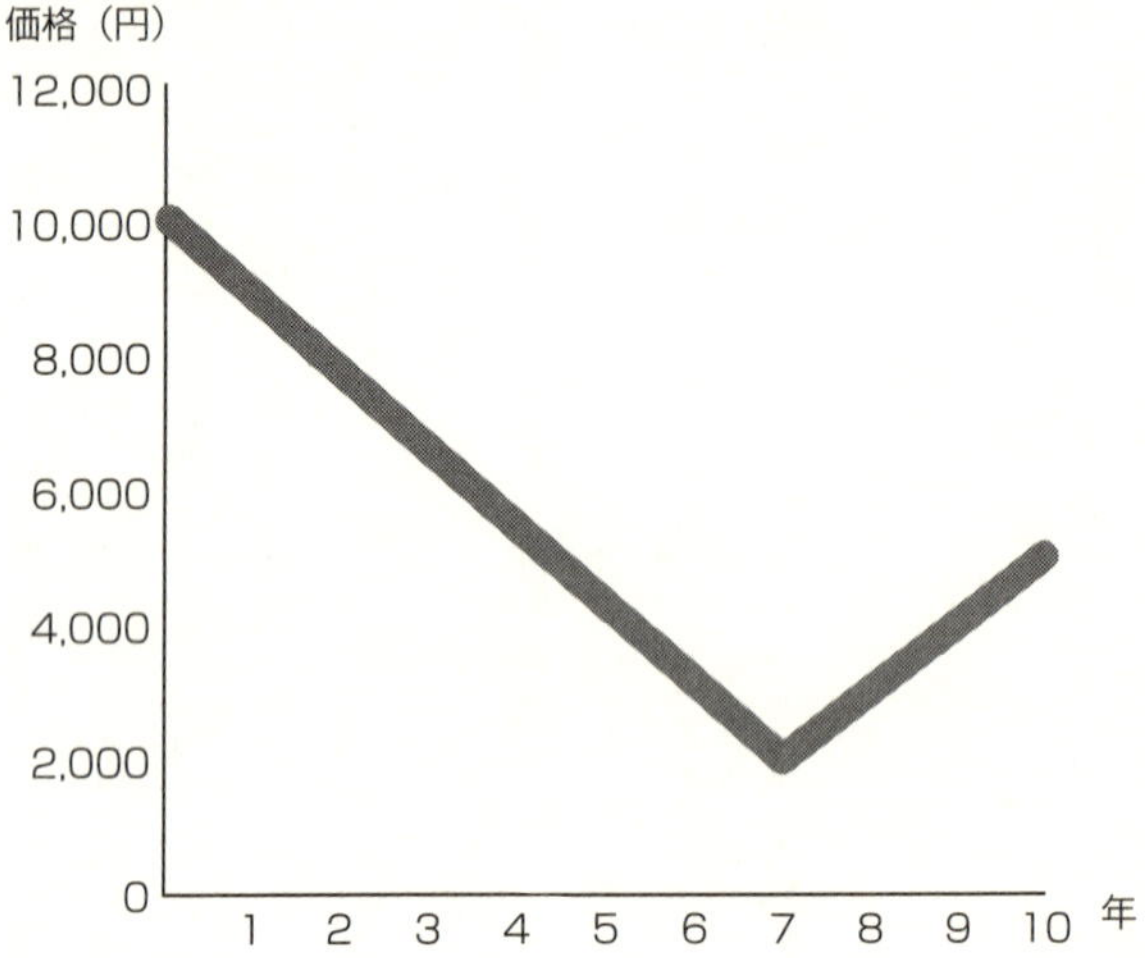

であれば、「積み立てなら、下がっても怖くないよ」ってことを、わかりやすく示せればいいのでは？

下がっても怖くないということは、下がっても損しない、あるいは「すぐに回復するよ」ってことか。

下がった後に、すぐに利益が回復するようなものを作ればいいのか……。

イメージが浮かびました。あとは、見た目に違和感がなく、心地がよく、直感で伝わるものを作るために、何百回もシミュレーションをしました。どの時期にどの程度屈折し、フィニッシュはいくらのパターンが最もインパクトがあり、イメージがしやすく、納得感が高いだろうか。何度も違うパターンを作り続け、明け方に、ようやく納得いくものができました。

それが、私の人生を変えたといってもいい、序章と第1章で紹介したつみたて投資の「V字グラフ」です。大げさに聞こえるかもしれないですが、これは世界にない、私が作った「つみたて投資の安心感を伝えるグラフ」なのです。

V字グラフ、デビューの日

2008年1月18日。この日は、私にとって忘れられない日です。前夜は会社に泊まりこみ、朝にグラフがようやく完成したのです。文章を添えて、200部印刷しました。ガシャンガシャンとプリンターの鳴る音が、妙に心地よかったです。コーヒーを飲みながら、「お客様がどんな反応をしてくれるかな」と考えると楽しくなりました。

完成したグラフを、「参考資料」として追加で会場に持っていきました。料理でいうなら、出来立てほやほやです。会場は満員でした。全国から著名な経営者たちが集まっていました。当時は、サブプライムショックの影響で、相場は右肩下がりの最中です。資産運用の気運は極めて低かった時期でした。

いよいよKさんが話す番になりました。私は会場のいちばん後ろで、どんな反応があるかワクワクしていました。

忘れられない日。2008年1月18日のセミナーの様子

手応えは抜群でした。

会場の集中力が一気に高まったのを感じました。驚きの声が会場を包みました。その雰囲気に鳥肌が立ちました。これまでに何度もKさんのプレゼンは聴いてきたのですが、今までにない反応でした。感動して、「アホになってよかった」と思いました。

月6万円の管理生活で天引きの威力を実感し、9期連続赤字のベンチャーに転職、借り入れまでしての自社株投資、快適もやしライフ、経営陣への辞任要求、社内での孤立、つみたて投資への迷い、つみたて投資に賭ける、何度も不安になりながらアホになって挑戦……。

すべての緊張感と閉塞感から、解放された気がしました。

「つみたて投資はお客様に喜んでもらえる」。そう思いました。

次々と湧き出るリアクション

その反響は想像を超えました。Kさんがいろいろと別なセミナーなどで話しても、あらゆるところで大きなリアクションがありました。

まず、あるセミナーの主催者の先生が、ご自身で発刊するニュースレターで、その驚きを綴《つづ》ってくださいました。株式投資を積極的に実践されている非常に経験豊富な方でしたので、余計に嬉しかったです。

役員会でKさんがプレゼンをしたところ、大株主や社外役員が喜んでくれて、「お守りにしておく」と言ってくれました。ゲームソフト制作や出版の話もいただきました。

次々と、現場のアドバイザーからも問い合わせがありました。結果は、数字にも表れます。一時金の獲得は伸びないが、つみたてだけは右肩上がりで伸びました。今までほとんど動かなかった提携アドバイザーからも、「つみたて投資を提案したい」「法人全員でつみたてしてくれるところがある」など、嬉しい声が届きました。

「つみたて投資なら、会計事務所の人でも、積極的になってくれる」。そんな手応えを感じました。

たった一つのグラフですが、共感してもらえ、どんどん人の縁が広まっていきました。会社を黒字化する収益にはほとんどなりませんでしたが、自分が追い求めていたもの、お客様に喜んでもらえるものに近づいていると実感する機会は増えました。

つみたて投資を深く研究する日々

その後も引き続き、つみたて投資の研究を続けました。一日に何回も不安になり悩みました。

「確かに、喜んでもらえるかもしれない。しかし、それで収益があがるかどうかは別だ。つみたて投資のグラフはできても、そのうち、皆が同じようなものを使い始める。そうしたら、お前がやってることは、すぐにキャッチアップされるぞ。そうなると、また新しいものを作らないといけないし、そんなことをしてて、本当に成功するのか？　もし成果が出なかったら、どうする？　何も残らないぞ」

そのたびに手を叩きました。いろんな本を読んだり、人に会い、ヒントを得てはコンテンツを作り続けました。ジャンルは様々です。尊敬する経営者の本から、日本文化の本、心理学の本、歴史の本……。とにかく、つみたて投資に通じるヒントを得るために、本を読み漁《あさ》り、アウトプットし続けました。

いつの間にか、会社も辛くなくなりました。人事の査定は半年ごとにあります。前回、最低に位置づけされた私の評価は、次の人事査定でも「最低評価」でした。ほとんど新規開拓もせず、収益もあげられなかったからです。でも、前回みたいに憤ることもなかったし、素直に「はい、わかりました」と受け入れていました。

その頃は、これまでの反省もあり、先輩や役員、社長の指導を有り難く感じられるようになっていました。また、失礼な態度も取らないように心がけていました。よく考えると、いろいろありながらも、これだけ好きなことをさせてくれているというのは、実は先輩たちが温かく見守ってくれているからだということにも気づいたからです。普通、ここまで自由にはさせてくれないと思います。本当に恵まれていたのだと思います。新人の私にいろいろチャンスを与えてくれた先輩方に、感謝の気持ちで一杯でした。

残念ながら、会社清算へ

２００８年９月にリーマンショックが起き、無情にも販売は再び大幅に低下しました。「１００年に一度の金融危機」と叫ばれる中、２００９年３月期の一時金投資金額は、前期比半減しました。しかし、逆風の中でも、つみたて投資の販売額は、前期比約50％増えました。アドバイザーにも草の根でつみたて投資が浸透した証《あかし》だと思います。

そして2009年7月末、ニスコはSBI証券に会社を譲渡しました。残念ながら、ニスコはなくなってしまったのです。販売額の低迷に加え、お客様の資産が大きく目減りし、収益が激減しました。ビジネスモデルを抜本的に変えることもできなかった自分たちの責任です。そして、お客様に価値あるサービスを提供できなかった結果です。もちろん、私自身の自社株投資は大損です。

ただ、損をした金額以上の経験を得られたと思っています。株を持っていなければ、とっくに会社を辞めていたと思いますし、いろんな挑戦もできなかったと思うからです。この経験は私の財産になりました。

私はSBI証券に移りましたが、自分が今まで試行錯誤してきた成果を世の中に還元したいと思い、会社を出ました。有り難いことにこのたび、出版の機会もいただきましたので、自分がこれまで培ってきたものを、できる限りわかりやすく、読者の皆さんにお届けしたいと思います。

終章　つみたて投資とはどういう投資か

図53　つみたて投資効果　一覧

1	値下がり安心効果	下がっても安心
2	スピード回復効果	損から素早く回復しやすい
3	リバウンド効果	下がってから上昇するとリターンが得られる
4	ストレス抑制効果	上げ下げのストレスを抑えられる
5	タイミング・フリー効果	始めるタイミングに悩まないでよい
6	プロセス回復効果	値動きが大切
7	継続効果	続けることで口数が積み上がる
8	予測不要効果	細かい予測はいらない

つみたて投資の価値

つみたて投資とは、どのような投資なのでしょうか。これまで紹介した特長をまとめてみました。

これらを見ると、「下がっても安心」「損から素早く回復」「ストレスを感じない」「タイミングで悩まない」といった心理的な効果や、「続けることが大切」「日々の積み重ねが大切」等、私たちが慣れ親しんだ道徳に通じる効果が並んでいます。

このようにつみたて投資は、心にフィットするような安心感や親近感があります。これがつみたて投資の価値だと思います。この投資家心理に沿った「安心感」は数値化できない「定性価値」です。目には見えませんが、心で感じる価値です。

図54　一括投資とつみたて投資の価値の違い

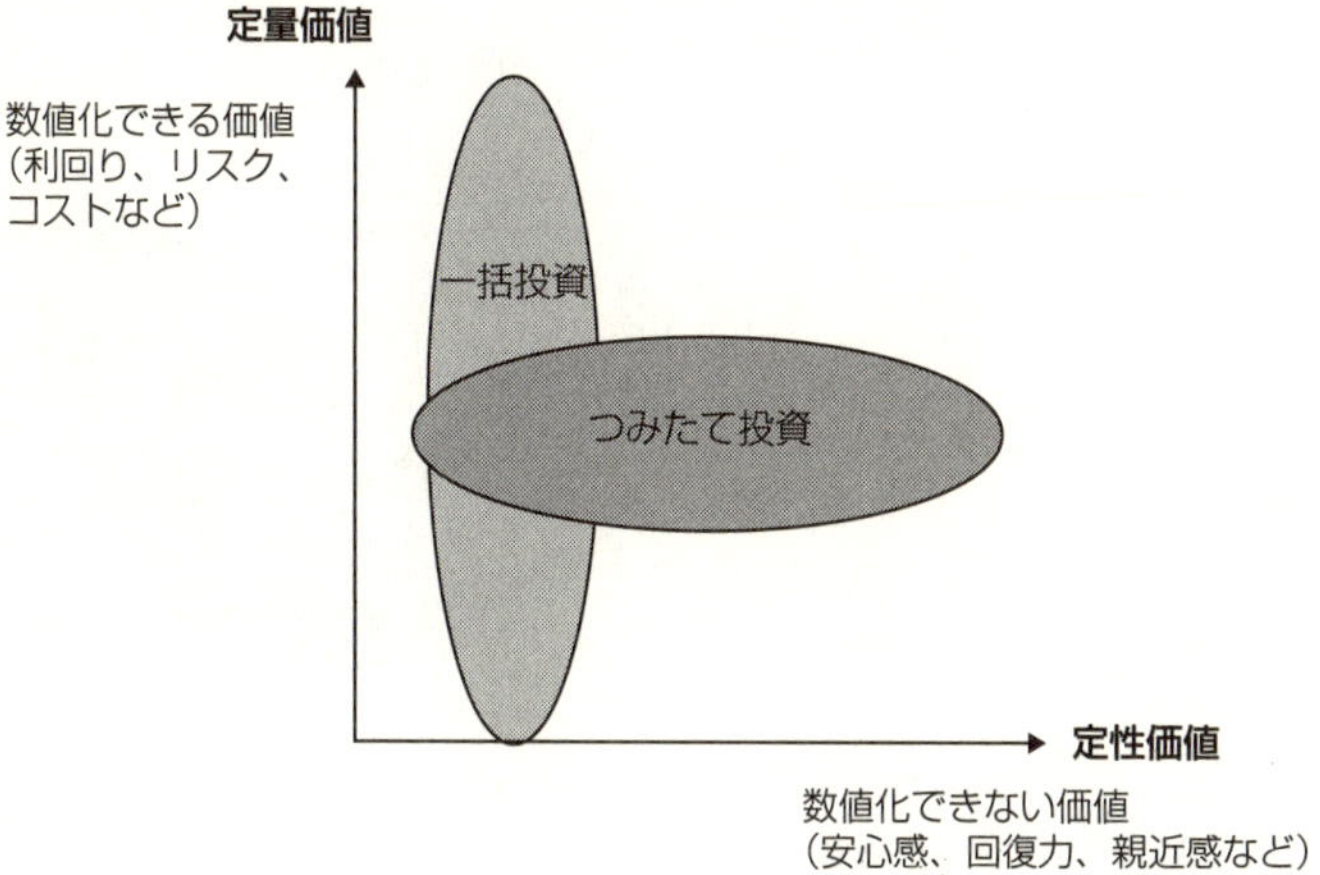

今まで、投資の価値や魅力は「利益」や「運用利回り」「投資効率」「コスト」など全て数値化できるものとして説明されてきました。これらはすべて「定量価値」です。数直線上で表示できます。

本書でも解説したように、つみたて投資は一括投資に比べると決して投資効率が高いとは言えません。仮に10年間で100倍になる金融商品に積み立てたところで、5倍程度にしかならないのです。過去のデータを検証しても、一括投資の方が期待利回りは高くなります。その代わりに、預金よりは期待値は高く、「損から素早く回復」したのです。

つまり、つみたて投資とは、数値化できる「定量価値」はほどほどにあるとともに、数値化できない「安心感」などの「定性価値」

図55　日本人の保険加入率

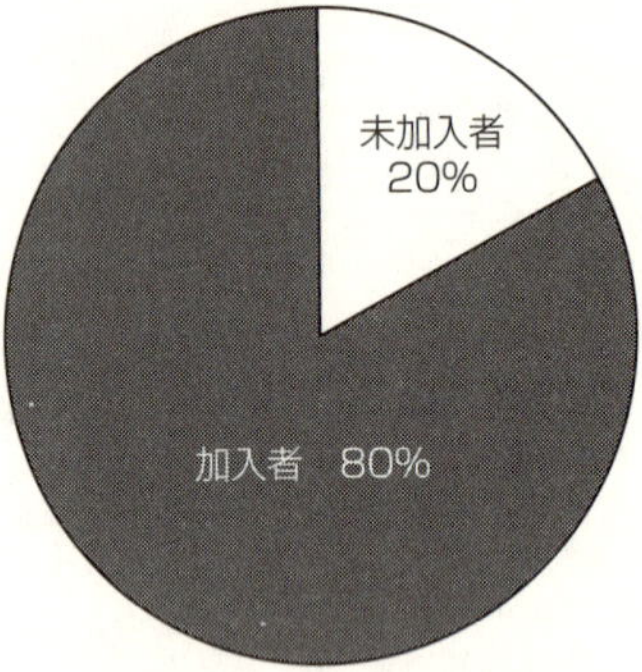

（男性：80.8%、女性：79.2%）
データ：生命保険文化センター

も得られる投資なのです。一括投資は利益や投資効率などの数値化しやすい「定量価値」が得やすい投資です（つみたて投資の期待値については189ページの参考資料をご覧ください）。

この数値化できない「定性価値」は日本人が非常に好むと思います。日本人の保険加入率は8割を超えています。恐らく保険に入る人は払い込む金額に対して、確率的にどれだけリターンが得られるかという数値的な価値よりも、「入っておけば、何かあった時に安心」という「安心感」を買っているのではないでしょうか。

それが合理的か非合理的かの議論もありますが、現状は多くの方が「安心するため」に保険に加入しています。

つみたて投資の価値も「安心感」です。下がった時の安心や、続ける時の安心です。「保険」と、投資信託を活用した「つみたて投資」では金融商品の種類は違いますが、価値の種類は似ているのです。共に数値化できない「定性価値」なのです。儲けるというより、損したくない人向けで、目に見えない「安心感」がつみたて投資の最大の価値です。

図56　保険の価値―つみたて投資の価値

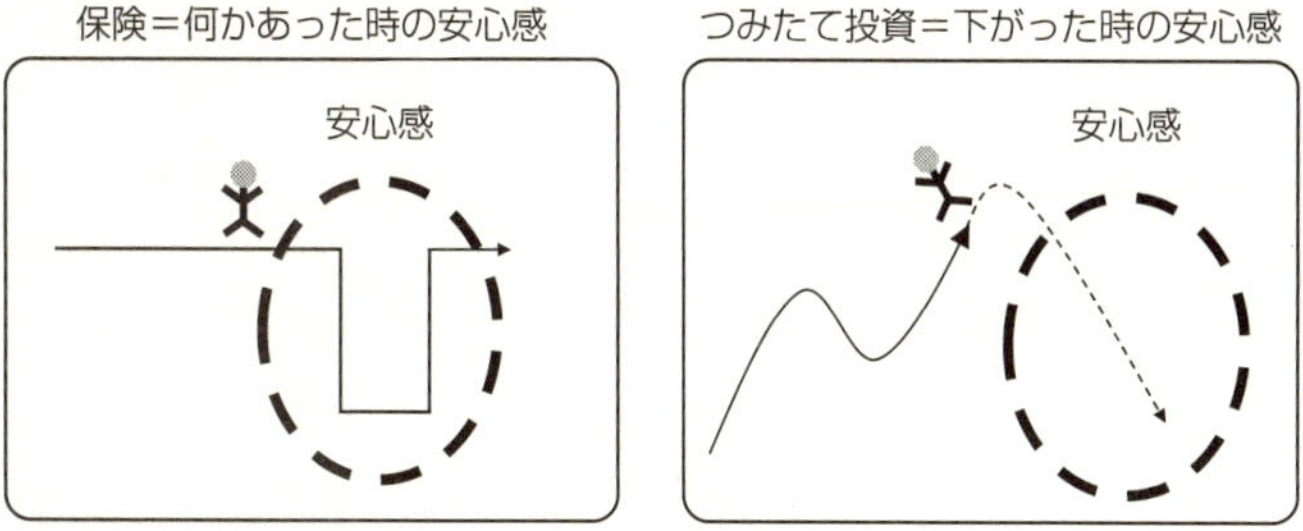

何のためにつみたて投資を考えるか

今、つみたて投資を論じる社会的な意味を考えてみます。

日本は財政赤字が深刻です。日本の財政はよく「ワニの口」に喩《たと》えられます。国の支出は増える一方、税収は伸びていないので、その差が広がって大きな口のような形をしているからです。その結果、国の長期の借金は、１９９１年度末の約２０９兆円から、２００９年度末には約６０７兆円と、約３倍に増えてしまいました。

苦しいのは国だけではありません。地方の長期の借金も、１９９１年度末の約70兆円から、２００９年度末には約１９７兆円と、約３倍に増えています。日本は、国も地方もたいへん厳しい財政状況になっているのです。

日本にはまだ国有資産や個人の潤沢な金融資産があるので、すぐに財政破綻はしないという見方もあります。確かに目先は大丈夫かもしれませんが、今のまま借金ばかりが増え続けた

図 57　財政収支の悪化状況は「ワニの口」に喩えられる

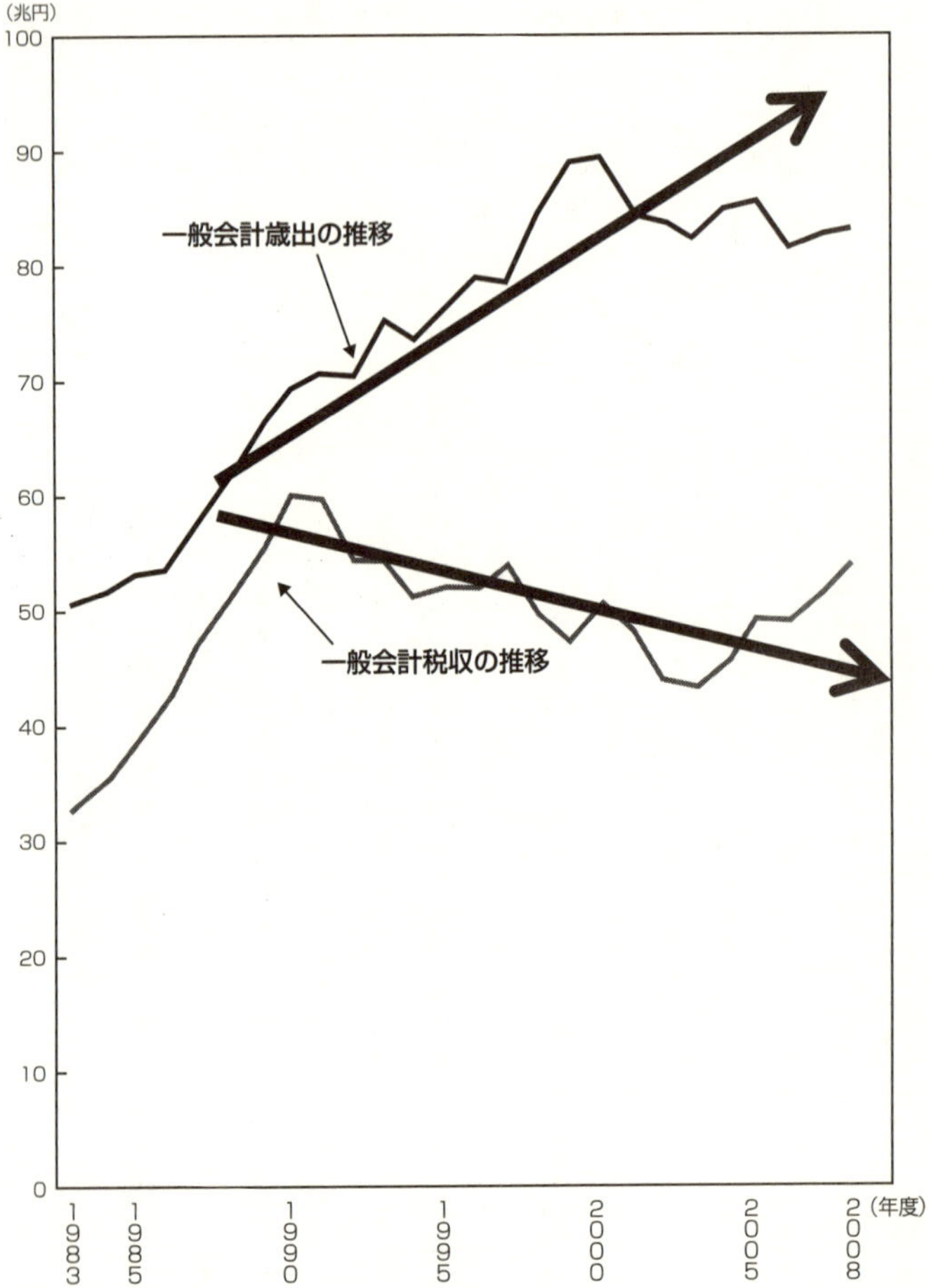

（注）2007年度までは決算、2008年度は当初予算ベース。

データ：財務省HP

図58　1984年以降に生まれた世代の負担

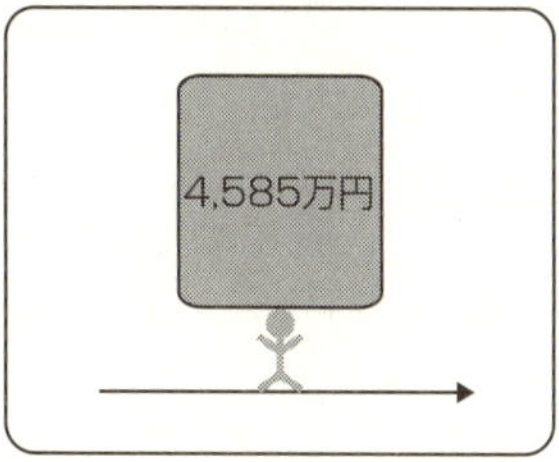

ら、財政危機を迎える可能性も否定できません。

私たちが作った財政赤字は、次の世代にも負担が繰り越されます。これから生まれる子どもたちは、生まれた瞬間に一人当たり約５０００万円の負担を負うことになります。平成17年度版の年次経済財政報告で、１９８４年以降に生まれた世代を将来世代と定義し、彼らが生まれつき負う負担総額を４５８５万円と示しています。こうなっているのはすべて、私たちが将来世代に負債を先送りしているからです。

今、私たちが先送りしている負担は、この将来世代にかかっていくのです。

『孫は祖父より1億円損をする』（朝日新書）の共著者・山下努氏は、この状態を「『孫の名義のクレジットカード』をきりまくっている状況」と表現しています。

「ツケの返済を将来世代に押しつけ、若者や子どもをだまして、明るい未来を奪い取る『ワシワシ詐欺』のようなものです。

『ワシじゃ、ワシ、お前の祖父じゃ、お前のために道路や福祉を充実させたのだが、予想外にカネがかかってのう。だから頼む！』と言われても、将来世代は途方に暮れるほかはないでしょう」（『孫は祖父より1億円損をする』）

民主主義には一つ欠点があります。それは、「その時点に存在する人々の政治的な意思を集約する仕組みに過ぎない」ことだと、一橋大学の小塩隆士教授は著書『人口減少時代の社会保障改革』（日本経済新聞社）で述べています。

たとえば、「60年償還ルール」を知っていますか？　10年で返すように聞こえる「10年国債」は、実は60年かけて完済されます。借り替えを繰り返し、60年かけて分割返済されているのです。驚かれるかもしれませんが、そう決まっています。

つまり、今、10年で借りる借金は、30〜40年後に生まれる子どもたちにもそのツケは残るのです。今、有権者の平均年齢は50歳を超えています。60年後、借り入れを決めた人たちは、ほとんどが生きていないでしょう。これは今生きている人に都合がいいルールです。このように、民主主義はその時点に生きている人に都合がいいルールが作られやすい弱さがあるのです。

世界を見渡すと、次世代に配慮したルール整備が進んでいます。１９９０年、アメリカは財政再建をするために、「Pay-as-you-go《ペイ アズ ユー ゴー》原則」（新たな支出項目を増やす際には、それを補う財源が必要な原則）を、イギリスは１９９７年にできたブレア政権で、「財政安定化規律」を策定し、「ゴールデンルール（公的部門の借り入れを投資目的に限定するルール）」と「サスティナビリティルール（公的部門のネット債務純残高をＧＤＰ比40％以内に抑えるルール）」を設けました。ＥＵではユーロへの参加条件として、１９９３年、マーストリヒト条約において同様のルールを決めました。

日本にも一応、ルールはあります。財政法４条は「国の歳出は、公債又は借入金以外の歳入を以《もっ》て、その財源としなければならない」と定めています。しかし、どうしてもお金が足りなくなると、一時的に赤字を補うために、「赤字国債」を発行します。この「例外措置」が初めてとられたのは１９７５年で、それ以降ほぼ毎年、「例外」を認める特例法を制定して赤字国債を発行しています。

１９７５〜２００９年の35年間で、赤字国債を発行しなかったのはたったの3年間だけです。しかも、発行されなかった時期は、１９９１〜93年という、まだバブルの余韻が残っていた頃です。それ以外、毎年赤字国債を発行しているのです。

ルールは確かに大切です。しかしそれは守らないと意味がありません。ルールより、もっと大切なのは、それを守る私たちの「自律する心」だと思います。法律を作るだけでなく、それを守る私たちが強い「自律力」を持たなければいけないと思います。つまり、自分の短

図59　赤字国債を発行しなかったのはたったの3年間

1975	1976	1977	1978	1979
1980	1981	1982	1983	1984
1985	1986	1987	1988	1989
1990	**1991**	**1992**	**1993**	1994
1995	1996	1997	1998	1999
2000	2001	2002	2003	2004
2005	2006	2007	2008	2009

期的な欲に負けないために、自分を律する力が求められています。

「自律」を実施した偉人たち

日本にはかつて、支出の限度を決め、自らを厳しく律し、富を成し、次世代のために活躍した人たちがいました。

①二宮尊徳

江戸時代後期、今と同じく人口が減っていた長い停滞時代に、飢饉等で困窮し切った610の村々を立て直した人物がいました。彼の名前は二宮尊徳。小学校の銅像で、薪を背負っているあの少年です。

彼が用いた手法は「分度推譲《ぶんどすいじょう》」と言います。「分度」とは、支出をある範囲内に抑えるという意味です。借り入れをしたりせず、収入の範囲内の適切な支出に抑えることを言います。「推譲」とは、「分度」の結果として残った部分を、将来のために残していくことです。彼はこの手法を用いて、村々の再生に貢献しました。

二宮尊徳は現在の小田原市で百姓の長男として生まれました。5歳の時に暴風雨で自分が住む一帯が濁流に襲われ、田畑が流れてしまいました。さらに14歳で父、16歳で母を亡くし、伯父の家に預けられました。伯父の家で農業に励みながら、少しずつ荒地を復興させると同時に、残った田畑を少しずつ貸し出したりして、現代風に言うダブルインカムを得ながら、20歳で生家の復興に成功しました。

その後、地主として農地を経営する傍《かたわ》ら、武家奉公人として働きました。小田原藩家老・服部家でその才覚を買われ、服部家の再生で成果をあげ、その後、次々と領地の再生を手がけていきました。

その再建計画は次のように作られました。まず一軒一軒、村民の暮らし向きを徹底的に調べ、現状把握をします。各家がどの程度の借金や資産があるのか、すべて調べ上げました。次に、過去の年貢の実績を計算し、おおよその収入の目処《めど》をつけ、それを超えない範囲の支出に留《とど》めるよう決めたのです。これが「分度」です。

江戸時代は、前半と後半で時代が大きく分かれます。徳川幕府が開かれた1603年からの前半100年間は、人口が2倍に増える成長時代でした。ところが、後半は人口が増え

図60　二宮尊徳が610の村を再建した手法「分度推譲」

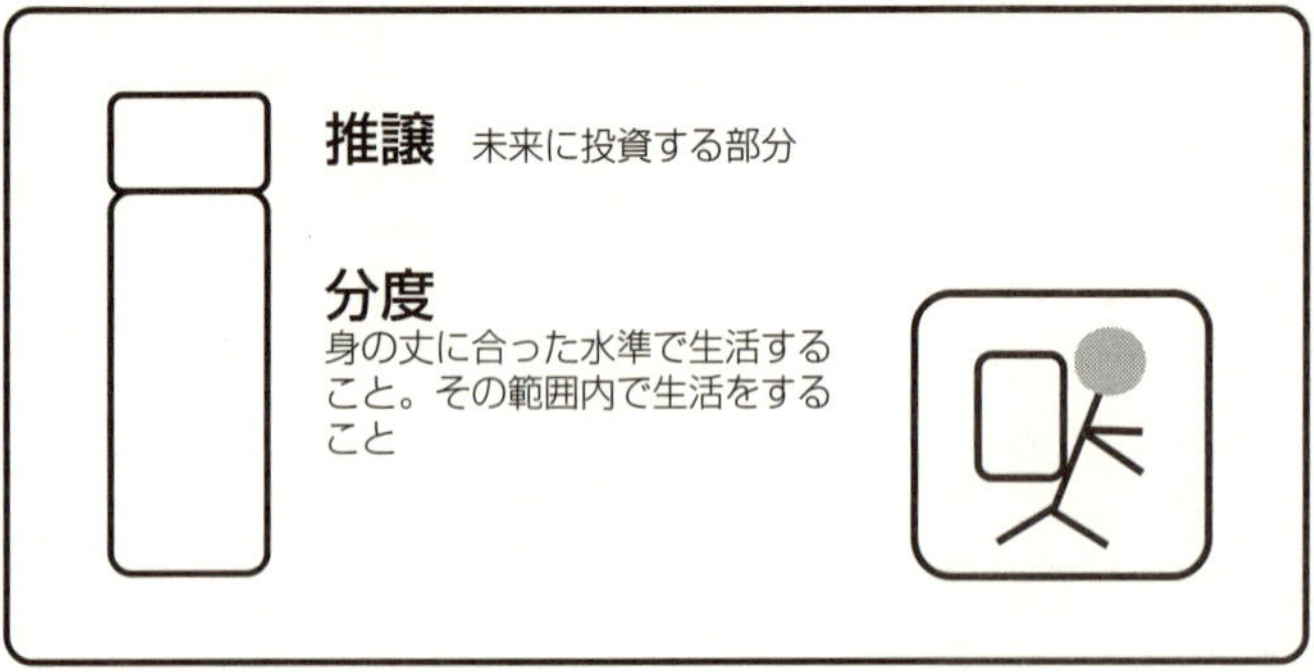
推譲　未来に投資する部分
分度
身の丈に合った水準で生活すること。その範囲内で生活をすること

ず、北関東などでは人口が減る停滞時代でした。

江戸時代末期の町村の問題点は、その予算の考え方でした。昔の右肩上がりの考えが頭から離れず、必要な分だけどんどん上積みしていたのです。いずれ収入が追いついてくるだろうからということで、収入を上回る支出を繰り返していました。

ところが、低成長時代はなかなか収入は増えません。二宮尊徳はそこを見極め、「何が必要か必要でないか」という視点から、年貢収入の実績データに基づき、先に、「遣えるお金の限度額」を決めたのです。

こうして生まれた余剰は、地域の復興資金として再投資できます。将来の備えに回したり（自譲）、地域の人に還元したり（他譲）して、いろいろな方法で再投資しながら、困窮し切った村々を再建していったのでした。これが「推譲」です。彼はこの「分度推譲」を村民に説き、610の村々の再生に貢献したのです。

二宮尊徳の思想は「報徳思想」と呼ばれ、後世に引き継がれていきました。安田銀行（後の富士銀行、現みずほフィナンシャルグループ）や、保険会社（現損保ジャパン）、生保会社（現明治安田生命）を次々と設立し、安田財閥を一代で築き上げた安田善次郎もその一人です。

②安田善次郎

彼は富山藩の足軽の子として生まれ、奉公人として江戸に出てから、さまざまな商いを経て金融業を興し、莫大な富を築きました。彼は26歳で、後の安田銀行となる両替店「安田屋」を開業した際に、次のような誓いを立てています。

一、独力独行、決して他人を頼らぬこと、一所懸命働くこと。
二、嘘を言わぬこと。曲がったことをせぬこと。正直に世を渡ること。
三、生活費、小遣い銭などはすべて収入の8割以内とし、2割は非常の時のために貯蓄すること、また住宅には身代の1割以上の金を決して遣わぬこと。

彼もまた支出にルールを設けて、それを厳格に実行したのです。結果、彼は、数多い資産家がいる明治の実業家の中でも、群を抜いた資産を築きました。晩年の大正10年頃に、当時のお金で2億円を超える資産を持っていました。５００円あれば楽にマイホームが買えた時代です。国家予算が14億円程度だったので、当時の国家予算の7分の1に当たる資産を築いたことになります。

彼は80歳を超えても、その資産をこれから50年はかかるような事業への投資や融資を考えていました。一つは東京湾築港計画、もう一つは東京・大阪間の高速鉄道敷設計画です。彼は東京湾築港計画の中心人物「浅野総一郎」と台湾を旅している時、次の約束をしました。「私がいまきみに融資できる額は、二億円、すなわち私の全財産だ。この金額までなら、無条件で融資する。また結果として、私が万が一、資産の全てを失うことになったとしても一切の後悔はしない。大いに使って欲しい」（青野豊作著『金のすべてを知りつくした男』／ＰＨＰ研究所）

実際には計画の途中で浅野総一郎が亡くなり全額融資されることはありませんでしたが、自らを律し続けて富を築き、さらにその資産を惜しげもなく注ぎ込み、次の世代にも役立つような計画を全面支援する、この善次郎の姿勢には学ぶ点が多いと思います。

③本多静六

勤倹貯蓄

億万長者にして東京大学教授、日比谷公園や北海道の大沼公園など数多《あまた》の公園を設計し、「公園の父」と呼ばれた本多静六も、支出管理に厳格なルールを設け、次のように述べています。

「財産をつくるための基本は『勤倹《きんけん》貯蓄』であり、貯金ができたら、これを有利な事業に投資しなければならない」（長澤源夫著『二宮尊徳の遺言』／人物往来社）

彼は、昔から資産を持っていたわけではありません。彼の家族は9人もいて、大学教授とはいえ、生活はかなり厳しい状況でした。そうした中での勤倹生活は非常に苦しかったようです。毎月月末には質素な食事しかできず、子どもたちに泣かれたそうです。しかし、そこを乗り越えて数年すると、ゆとりが生まれ出しました。

彼は自分の蓄財術を「四分の一天引き貯金法」と名づけています。具体的には、収入の4分の1を貯金していき、臨時収入は全額貯金する方法です。彼は、「貯金はいったん思い立ったら、どこまでもそれを続けるということが肝心で、私たちも五年、十年と、この四分の一貯金をがんばることで、生活も楽になり、貯金も楽にでき、さらにその利殖法を株式、山

無税国家

林、土地に拡大するにいたって、いつしか大学俸給よりも利子収入のほうが多くなるという結果にまでなってしまったのである」（『二宮尊徳の遺言』）と説いています。

その彼も自らを律して富を築き、その資産で後世の人も憩《いこ》いの場となる公園を設計していったのです。

④松下幸之助

松下電器産業（現パナソニック）の創業者の松下幸之助氏は、80歳を機に経営から引退しました。その後、日本の将来を憂え、後世に政治家を育成しようと、84歳の時に私財70億円を投じ、「財団法人　松下政経塾」を設立しました。

彼は著作の中で「無税国家にしようと思えばできないことはない」と述べています。

「一朝一夕にはいかないけれども、効率的な政治、行政をして毎年の国費を節約して、それを積み立てていけば、ある一定年限の間には相当な蓄積ができる。その蓄積を運用して、そこから果実を生む。それをもって、国費にあてていく。そうすれば無税国家になる。間違いなく、そうなる。そういう確信を持っているわけです」（『リーダーを志す君へ』／PHP文庫）

実は、報徳思想の継承者になる福沢諭吉が、明治24年の『時事新報』で、帝国議会の初めての開催にあたり「政府の予算の一部を積み立てていけば、無税国家が実現できる」というコラムを発表しています。松下幸之助はその考えを引き継ぎ、後世に託そうとしたのです。

その松下政経塾2期生で、松下幸之助に直に師事した元杉並区長の山田宏氏（現日本創新党党首）は、「杉並区減税自治体構想」を打ち立てました。区の予算1500億円の1割を積み立てし、将来的に区税をなくそうという試みです。

山田氏は、減税自治体構想を進めるに当たって、単に減税だからやろうということはない。積み立てていった果実で減税することを通じて、恒久的な減税につながる。つまり、私たちが本当に望んでいる低負担・高福祉社会の実現につながると考えているといった趣旨のことを述べています。

二宮尊徳の思想は脈々と受け継がれ、現代でも生きています。

つみたて投資は「自律」する投資

つみたて投資は自分の欲を抑える「自律」する投資です。支出を管理して、将来に残して

図61 「つみたて投信」を提供する証券会社

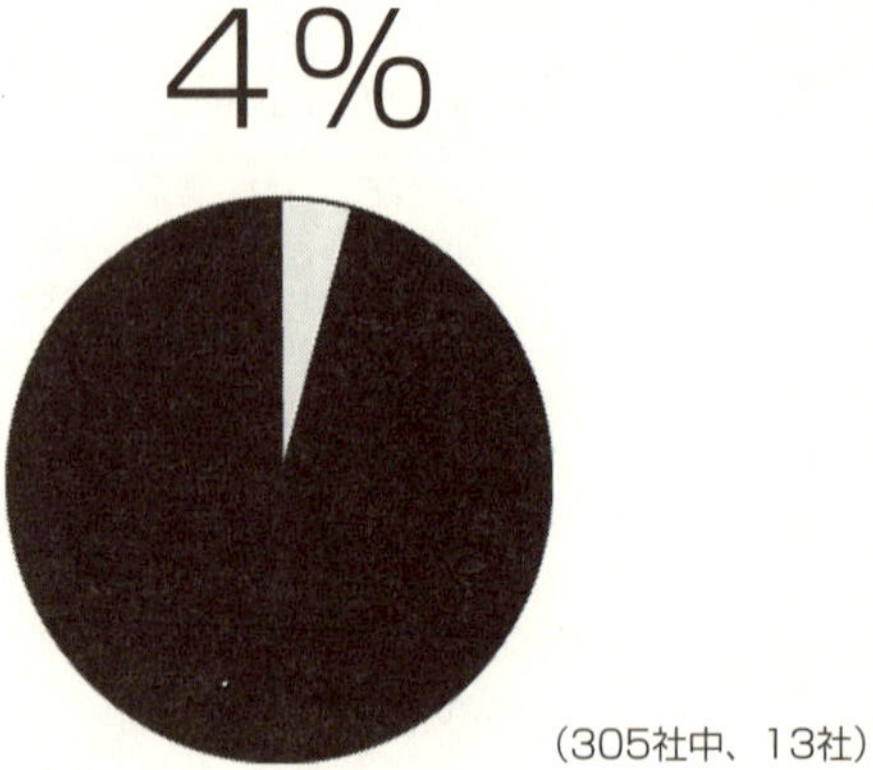

積み上げていく投資です。それは短期的な「儲け」を追い求める投資とは別物です。目先の欲を満たすのでなく、将来のために欲を抑えます。

自らを律して、継続して積み上げる過程で培われる「自律力」は、皆さんの資産形成だけでなく、キャリア形成にも役立つでしょう。

さらに、個々人のためだけでなく次の世代も含めた社会全体の財産になるはずです。

もし、日本人全員が自分を律する「つみたてマインド」を持ち、国全体で支出を減らして、税収を増やし、国として予算の一部でつみたて投資ができれば、かつて福沢諭吉や松下幸之助が説いた「無税国家」も実現できるかもしれません。

財政赤字が膨らみ続ける今の日本だからこそ、個々人の将来資産作りになると同時に、自律力が培われるつみたて投資は皆で共有する意味があると思います。

図 62　一括投資とつみたて投資の特徴 比較

項目	一括投資	つみたて投資
強み	効率性	安心感
下落時	辛抱	ワクワク
上昇時	不安	ワクワク
ポイント	価格	口数
インセンティブ	短期	長期
スタイル	タイミング重視	ターム重視
欲	追求	抑制
イメージ	点・デジタル	線・アナログ
スタンス	能動的	受動的
利益	狙うもの	ついてくるもの
ベースナレッジ	情報	知恵
価値の種類	定量価値	定性価値
根拠	理論	道徳
マインド	西洋	東洋

つみたて投資の課題

つみたて投資には決定的な課題があります。それは「伝える人」がいないことです。ほとんどの証券会社、銀行などが積極的に推奨していません。一部のネット証券や独立系の運用会社などでは力を入れているところもありますが、店舗を構えて相談員がいるところで積極的に推奨しているケースは、ほぼ皆無です。

理由は簡単です。金融機関がなかなか儲からないからです。私も、かつて当事者として携わったので、骨身に沁みてわかります。前章で述べたように、案の定、その会社はなくなってしまいました。つみたて投資は、なかなか金融機関が儲からないので、推奨したくても難しいのです。

つみたて投資は最高のプレゼント

私の理想は、つみたて投資が金融機関の提案だけではなく、自然に広まることです。この投資は、誰でも簡単に説明できますし、取り組めます。

私は、つみたて投資は想いを届ける「プレゼント」に最適だと思います。形はありませんが、相手を大切に想う気持ちはしっかり届くと思います。

つみたて投資は想いが伝わる最高のプレゼント

お子様をお持ちの方は、子どもの将来のためにつみたて投資を始めてみてはいかがでしょうか？　これからプロポーズしようとしている方は、「一緒につみたて投資をしませんか？」と提案されてはいかがでしょうか？　一生、あなたといたいという想いが伝わるはずです。

既に結婚している方は、二人の老後のため、お孫さんがいらっしゃる方は、お孫さんのために、企業経営者は、従業員とその家族に。あなたの大切な想いはきっと届き、本当に喜ばれると思います。

つみたて投資に形はありませんが、相手の将来をしっかり守ってくれる「守り神」になるでしょう。つみたて投資が口コミなどで「プレゼント」され、結果として日本に広まる姿を想像しながら、本書を締めくくろうと思います。

ここからの資料は参考資料です。マニアックな内容になっていますので、細かい数字などが苦手な方は読まなくても大丈夫です。

【参考資料1】 論より証拠　つみたて投資、1000回やってみました

実際に過去に実践していたらどうなっていたかを、データを用いて検証してみます。「論より証拠」で実際の数値を確認しておきましょう。

●いろいろな組み合わせで検証

まず、「積極的にリスクを取る」タイプから、「保守的でリスクを抑える」タイプまで、幅広く9種類の資産運用の組み合わせを用意します。

一般的に、値動きの大きい株式を多めに入れると「積極的な資産配分」になります。ハイリスク・ハイリターンのタイプです。逆に、値動きの小さい債券を多めに入れると「安定的な資産運用」になります。ローリスク・ローリターンの資産運用です。

9種類のプランのうち、最も積極的なタイプは「株式だけで7割」、最も安定的なタイプは「債券だけで8割」です。かなり幅広い組み合わせで検証してみました。

●期間は10年間。1ヵ月ずつずらして何度も検証

まず、1990年の1月から10年間のつみたて投資をやってみます。次に1990年の2月からの10年間、3月からの10年間……と、1ヵ月ずつ期間をずらしながら行います。そうすると、1990年の年初から2010年6月末までの期間で、各組み合わせで、10年間の検証が127回できました。それを9種類の組み合わせすべてで行うので、「9種類×127回=1143回」のつみたて投資の検証をしたことになります。

この期間は日本株で言えば、バブルがはじけて右肩下がりの最悪な期間です。一方、海外に目を向けると、おおむね右肩上がりに堅調に推移しました。果たして、結果はどうなったでしょうか?

●毎月1万円のつみたて投資。10年間で120万円の積立額

毎月、1万円ずつつみたて投資をします。すると年間12万円、10年間で120万円の投資額になります。この120万円がいくらになったかを見てみます。それぞれの結果は各組み

図63　いろいろな組み合わせでやってみた

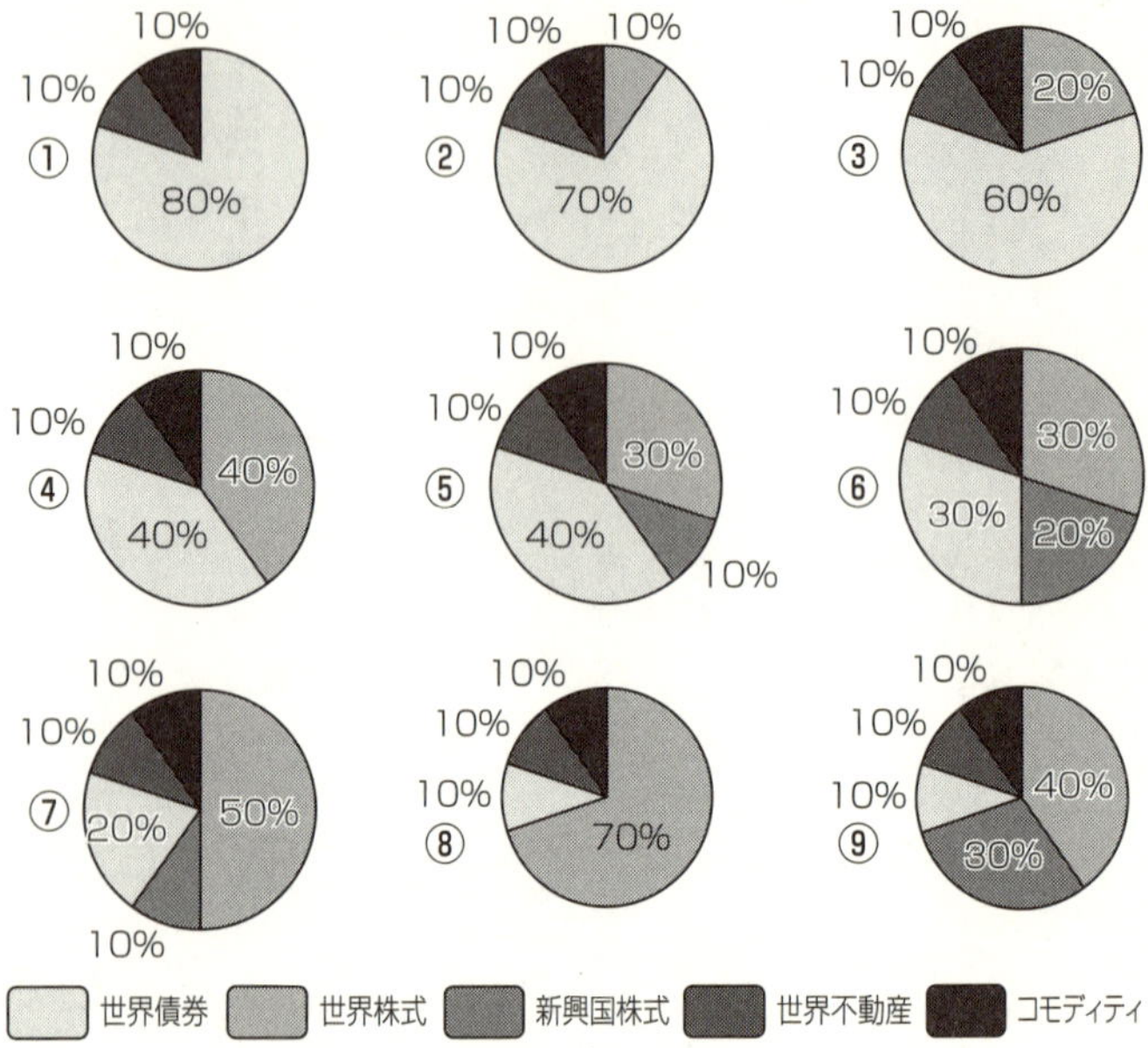

参考：検証の組み合わせ

使用データ期間：1989年12月末～2010年6月末

使用指数：世界株式：MSCI World（先進国のみ）、新興国株式：MSCI Emerging Markets Index、世界不動産：S&P global reit index、コモディティ：S&P GSCI Commodity index、世界債券：J.P. Morgan global aggregate bond index（データ：bloomberg、データ提供協力：セゾン投信株式会社）

図64　使用インデックスの値動き

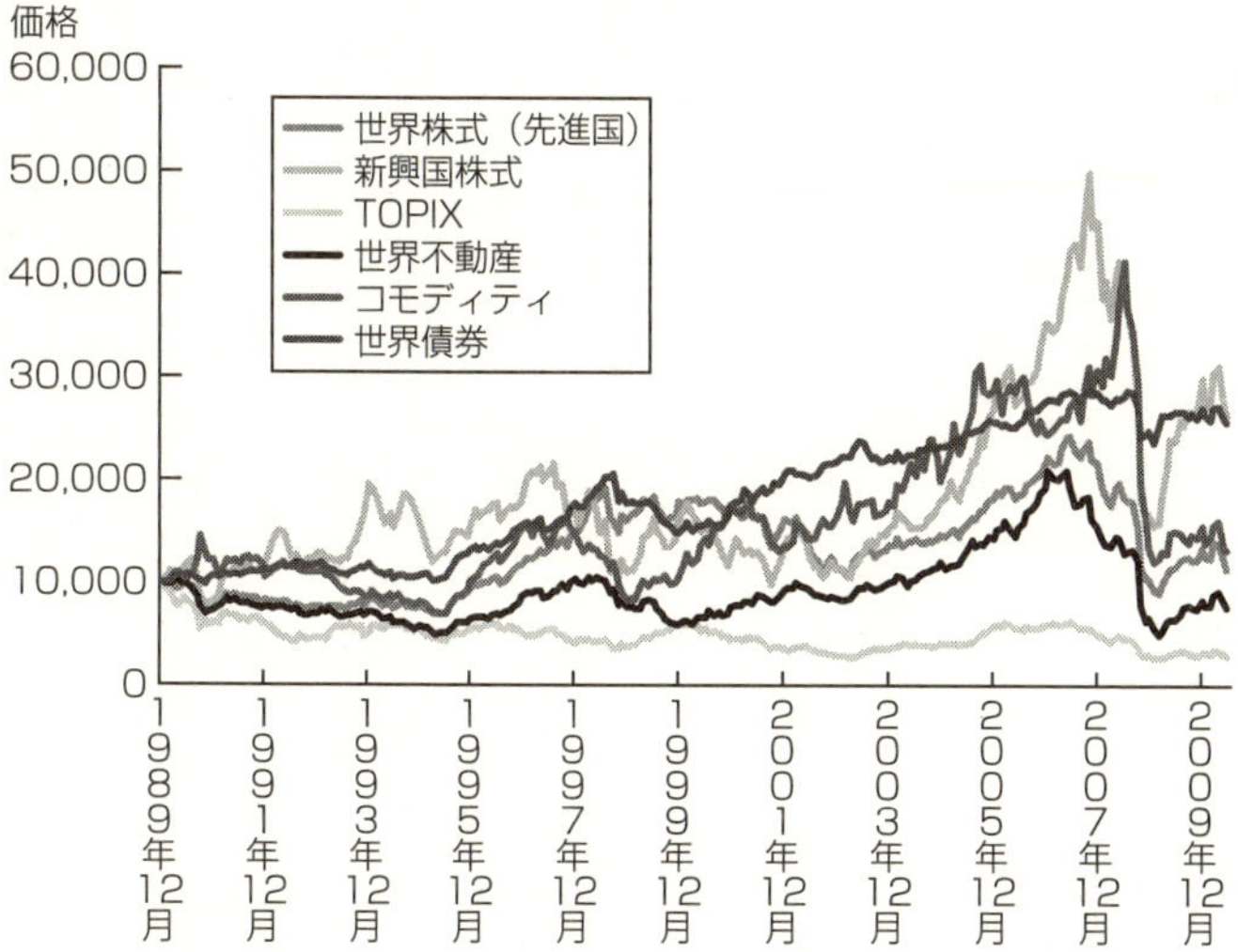

図65　検証はいろいろな期間で

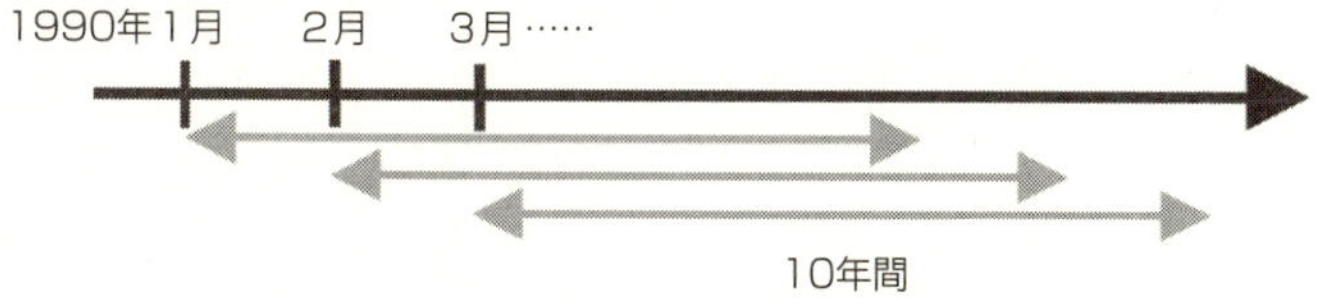

まず1990年1月からの10年間、次に翌月1990年2月からの10年間……というように、スタートの時期を1ヵ月ずつずらしながら検証を行う。1990年1月から2010年6月末までに、127回の検証。以上を9種類の組み合わせで行う。

合わせの収益率（つみたて投資したお金に対する収益の割合）です。

組み合わせごとに、検証の結果を横並びにしてみました（左ページ図66）。縦軸が投資した金額に対しての収益率、横軸が検証の回数（最大が127）です。

たとえば、左上の組み合わせ①を見てみましょう。最後の方を除いて、だいたい40〜50％程度の利益は安定的に得られていたのがわかります。また、①の組み合わせで127回の検証を行いましたが、損をした回はありませんでした。サブプライムショック、リーマンショック等の時期を挟んでも、10年間つみたて投資をすれば、マイナスにはならなかったのです。

最もリスクの高い⑨の組み合わせを見てみます（184ページ）。運が良い時と悪い時の差がかなり出ています。最も運が良かった10年間だと収益率が100％を超えているので、2倍以上になっていたのがわかります。逆に、運が悪いと最後の方は損をしています（ただし、あくまで10年間で区切っていますので、その後回復すれば、黒字化もあり得ます）。

全体的に見て、次のことが言えると思います。

①リスクが低い組み合わせの方が、運が良い時と悪い時のぶれ幅が安定している

図66　個別組み合わせの検証データ一覧

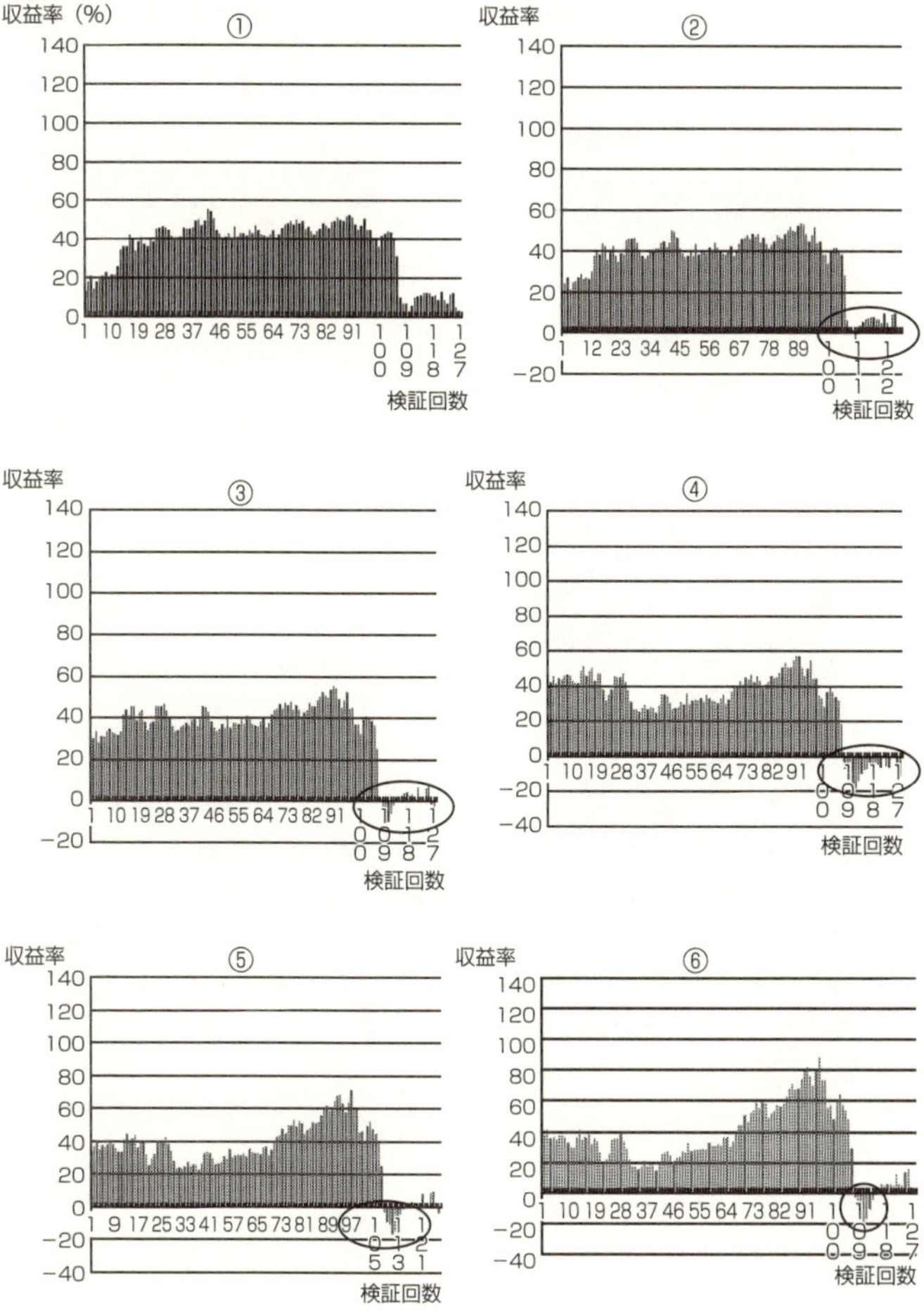

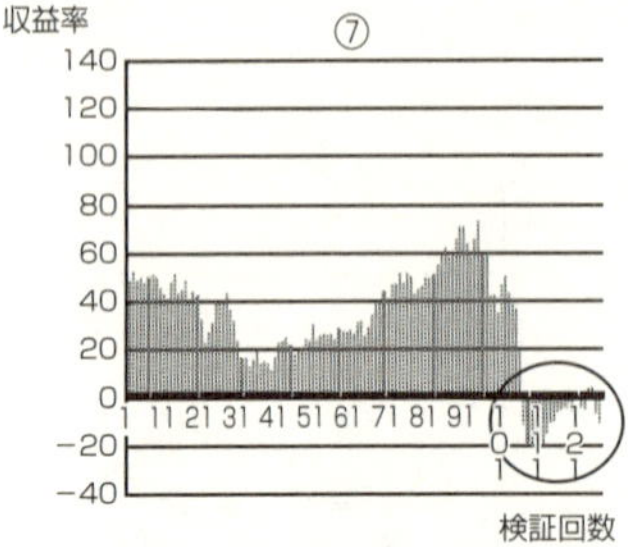

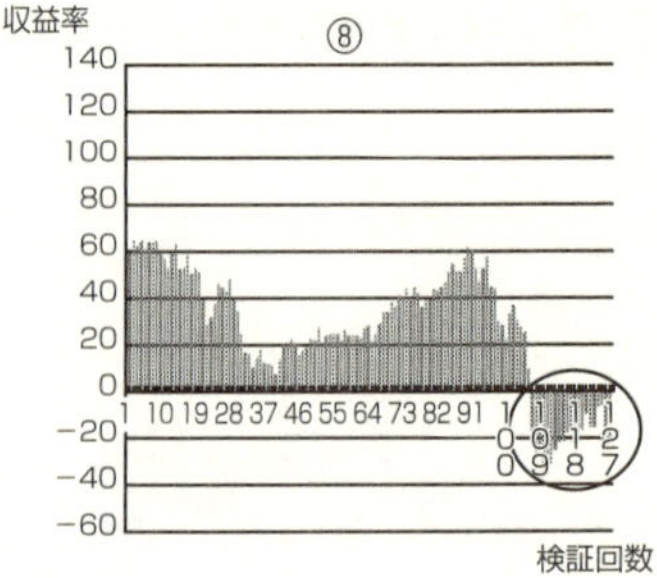

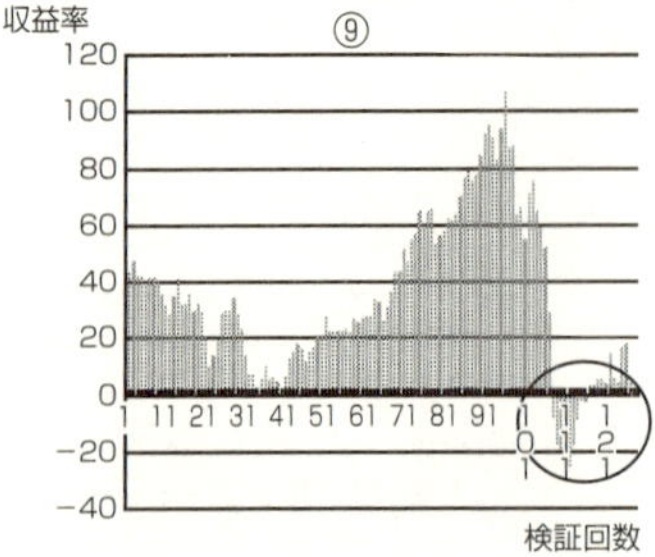

縦軸は投資金額（120万円）に対する収益率、横軸は検証回数です。１回目から127回目までの結果を並べてグラフ化しています。マイナスになっている所は○印で囲ってあります。これを見ると、つみたて投資の場合、平均すると３〜４割の利益を得ることができています。運が良くても、10年で100％（２倍）程度の収益率でした。

図67　結論：10年で1.3～1.4倍

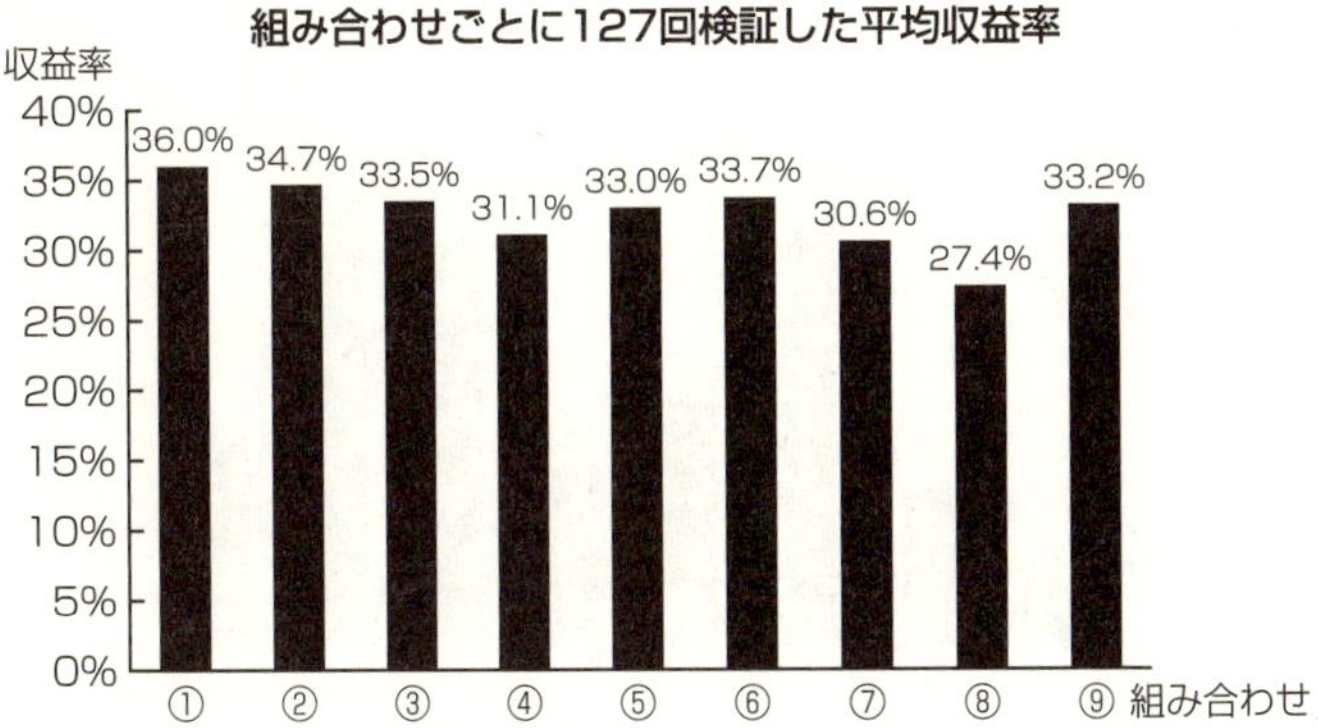

②リスクが低い組み合わせの方が損した回数は少ない

③つみたて投資の場合、運が良くても10年で2倍程度

●結果のまとめ

①平均収益率：10年で3割程度

先ほどのデータをまとめて、組み合わせごとの平均収益率を出しました。結果は、どの組み合わせでもだいたい30～40％程度になりました。つまり、この20年ほどの間に10年間のつみたて投資をした人の平均を求めると、3割ほどの利益が出ていたということです。この数字が高いのか低いのかは、個々人の価値観だと思います。一つの目安として、この20年の間につみたて投資を10年間すると、1・3～1・4倍程度という結果は押さえておきましょう。

図68　組み合わせごとの損した回数

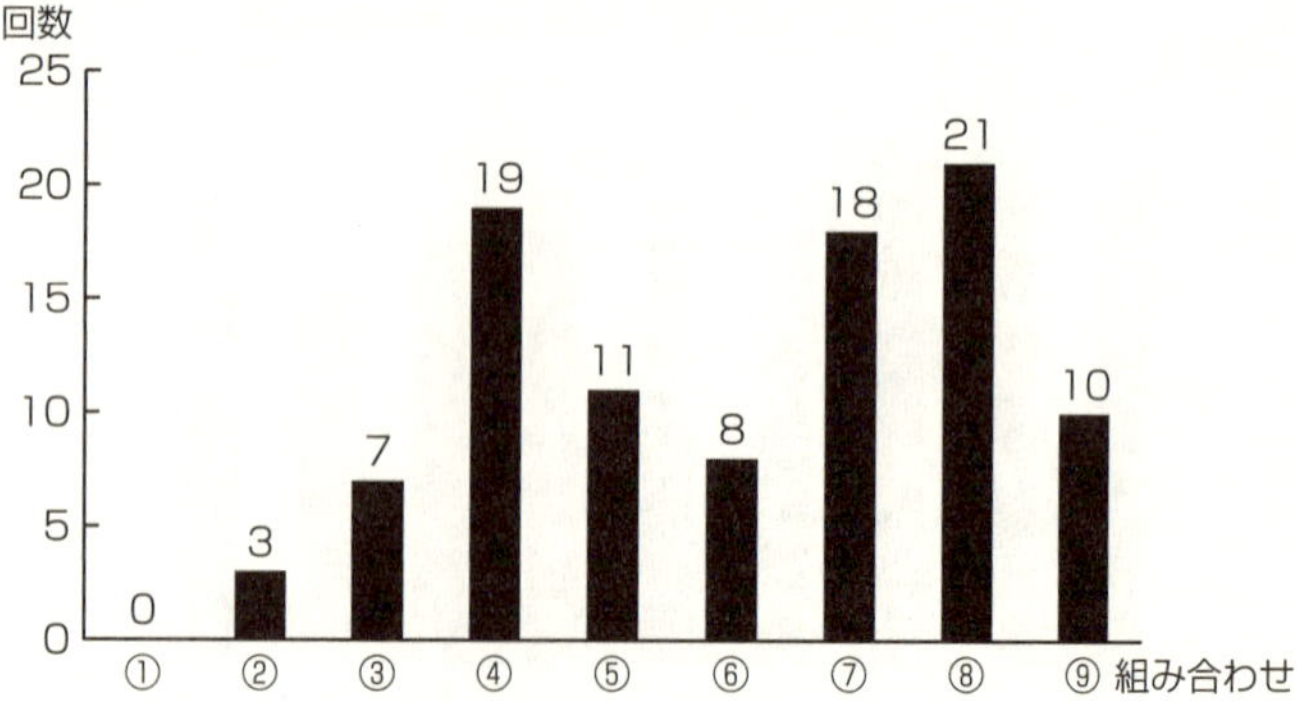

また、組み合わせにかかわらず、平均値はだいたい同じ数値になっています。ですから、積み立てるバランスは大切ですが、細かい資産配分に気を取られすぎる必要はないと思います。

②損をした回数：107回／1143回（損失確率：約9・4％）

次は組み合わせごとの「損をした回数」です。127回の検証中、何回損をしたのかを示しています（図68）。①の組み合わせは、損した回数が0でした。全体で見ると、つみたて投資を10年間して損をした確率は約9・4％でした（107回／1143回）。

③最も低い収益率（最も運が悪かった時）

次は組み合わせごとの最も低い収益率です（左ページ図69）。つみたて投資は、運が悪いと10年間で3割

図69　最も悪かった収益率

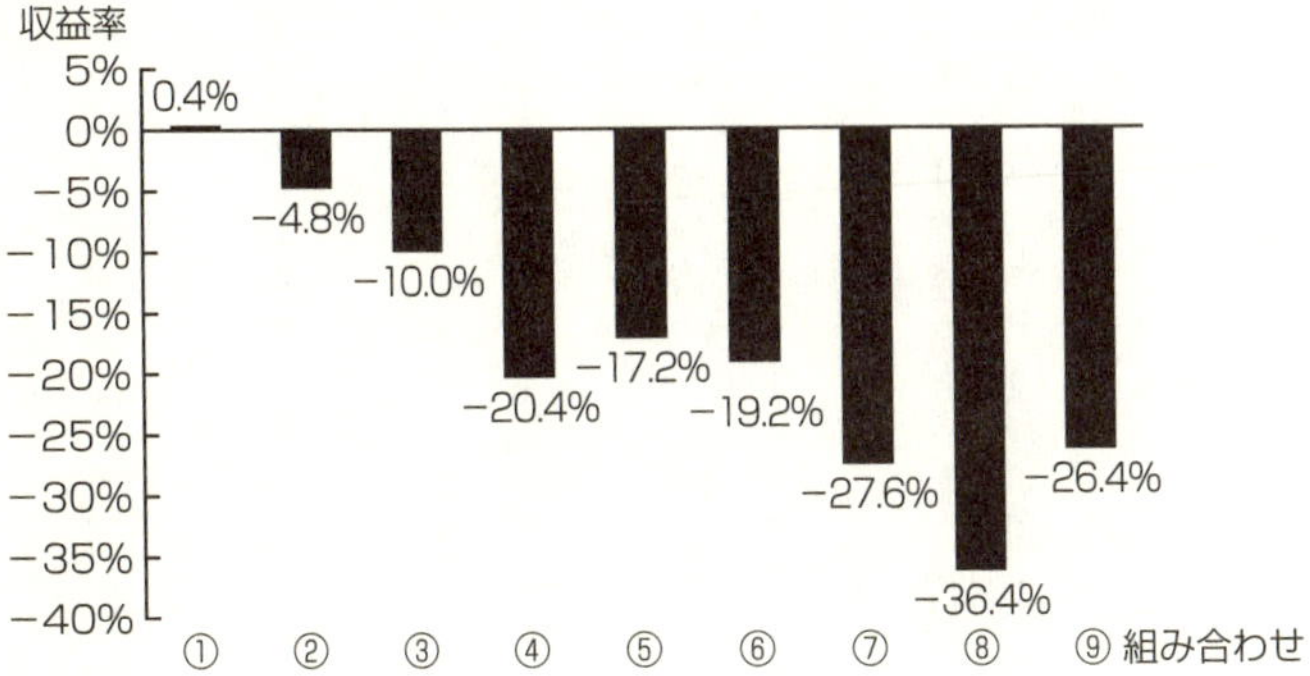

図70　最も良かった収益率

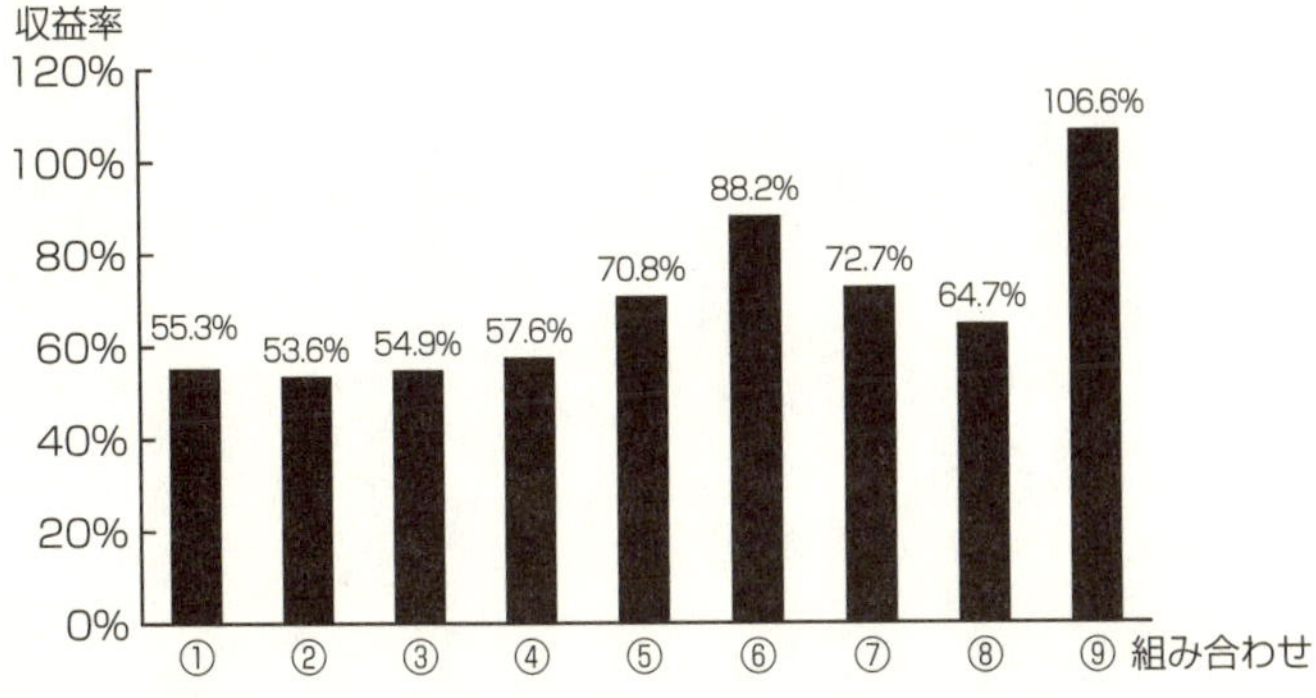

1990年以降の20年間で見ると、つみたて投資を10年続けると、最も運が悪い時は２～３割程度の損失となり、運の良い時は５～10割程度の利益を得ることができました。

程度の損をしていました。ただし、あくまで10年目時点での話なので、その後も継続して、相場が上昇すれば、また評価が上昇することも十分ありえます。

④最も高い収益率（最も運が良かった時）

今度は最も高い収益率です（前ページ図70）。保守的な組み合わせでは、運が良くても10年で5割程度の利益しかありませんでした。一方、積極的な組み合わせでは、運が良ければ100％を超えた時もありました。

●つみたて投資vs.一括投資

すでに一括投資をするお金がある方のために、つみたて投資と一括投資を比較してみましょう。つみたて投資は、これから入る未来のお金に適した投資方法ですが、今あるお金をまとめて投資すべきかどうか、判断する参考にしていただけたらと思います。収益率で比較するのは難しいので、投資期間と投資金額の条件を設定し、金額ベースで比較します。

1．資金額：120万円　一括投資は120万円、つみたて投資は毎月1万円の10年間（120ヵ月）で120万円の投資をする。

図 71　平均利益額（つみたて投資）

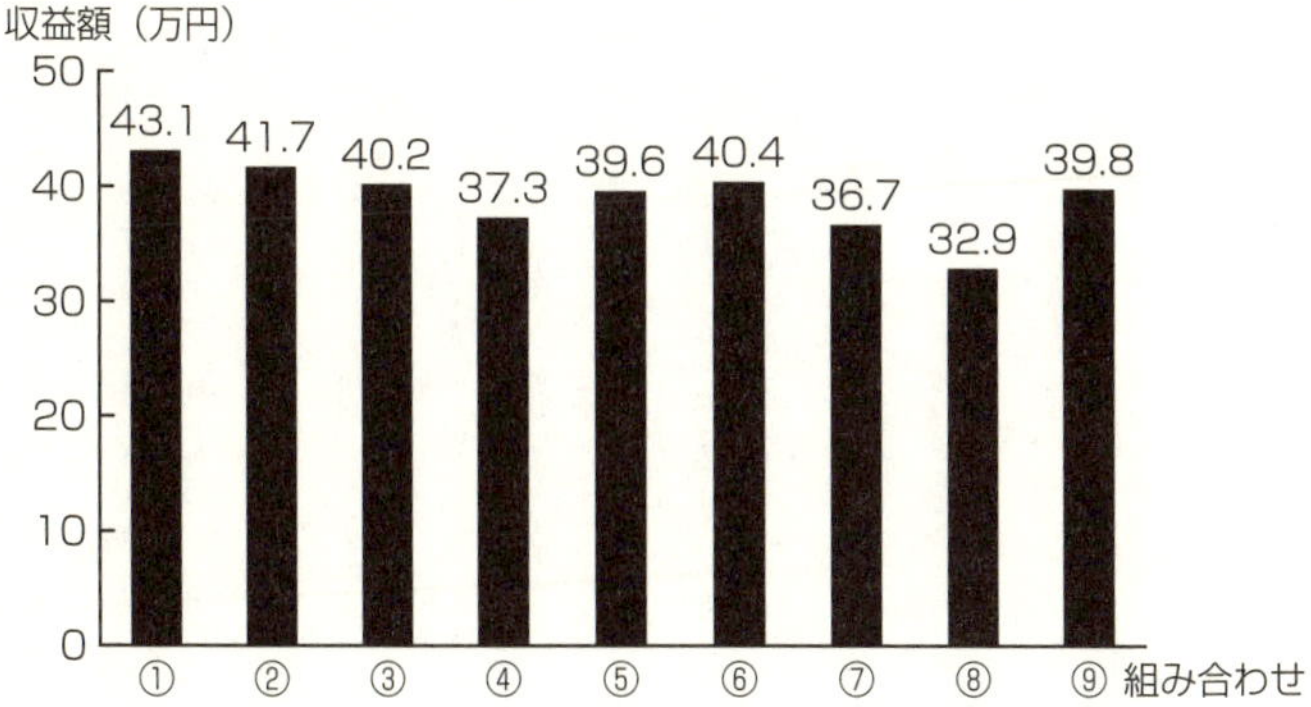

図 72　平均利益額（一括投資）

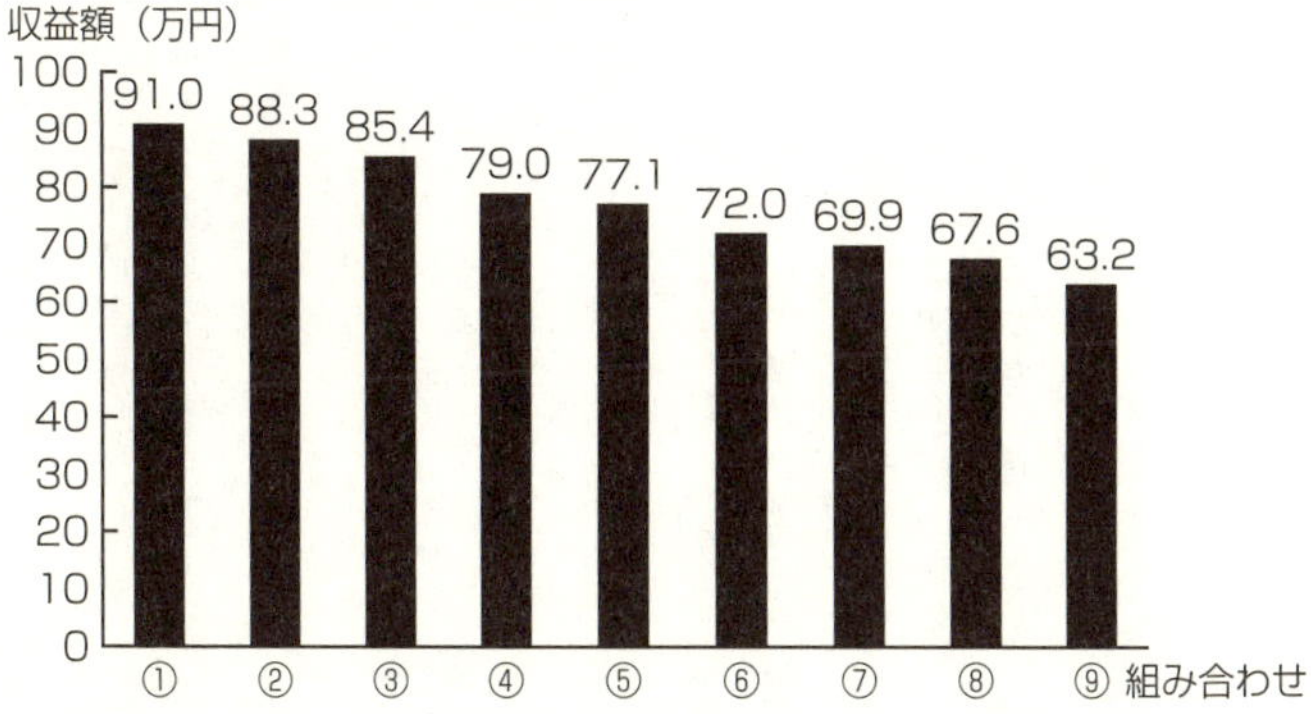

1990年以降の世界の証券市場は概《おおむ》ね右肩上がりだったため、投資効率は一括投資の方が勝《まさ》っていました。右肩上がりの局面でつみたて投資をした場合の効果については、「第４章 ストレス抑制効果」を参照のこと。

2．投資期間：10年間　どちらも投資期間は10年間で検証します。
3．検証方法：先ほどと同じ9種類の組み合わせで、各組み合わせで、一括投資、つみたて投資ともに127回ずつ検証します。結果、一括投資、つみたて投資それぞれ1143回の検証で合計2286回の検証をしたことになります。

前ページの図71はつみたて投資、図72は一括投資の、各組み合わせでの平均利益額です。縦軸に平均収益額、横軸に各組み合わせが並んでいます。

つみたて投資の各組み合わせの平均利益額は39・1万円（投資金額120万円に対して32・6％の利益）だったのに対して、一括投資の各組み合わせの平均利益額は77・1万円（投資金額120万円に対して64・3％の利益）でした。1990年以降の期間で10年間の投資をした場合、つみたて投資よりも一括投資の方が約2倍の利益が得られていたのです。

理由はこの期間が概《おおむ》ね相場が右肩上がりに上昇していたからです。50ページで説明したケースに近い形だったのです。相場が上昇すると、つみたて投資より一括投資の方が効率が良くなります。

ただし、これはあくまで過去の数値で、未来はわかりません。もし、一括投資後に相場が下落すれば、苦い経験となるでしょう。もし、値下がりが嫌だと思われるのでしたら、本書で学んだ内容を活かして、一回で買わずに何回かに分けて投資したり、つみたて投資を活用してはいかがでしょうか。

【参考資料②】 いくらになるか 実際、どの程度貯まるのか

実際、つみたて投資をした場合にどの程度貯まるのかを見てみます。

数パターンの簡単なシミュレーションをしてみますが、あくまで参考数値としてお考えください。実際は本文でも解説したように、途中の値動きで成果が異なります。ただ、何もないよりは参考値を示したほうがよいと思うので、ご紹介します。

期間は10年、20年、30年で、それぞれ終値が2万円、3万円、5万円、7万円、10万円にしています。それぞれに毎月1万円ずつつみたて投資をすると、果たしていくらになるか見てみましょう。

まず図73、74、75から、投資期間にかかわらず、商品の倍率に応じた投資の成果はほぼ同じということがわかります。たとえば、価格が2倍になる商品であれば、10年、20年、30年

図73　10年間つみたて投資をした場合

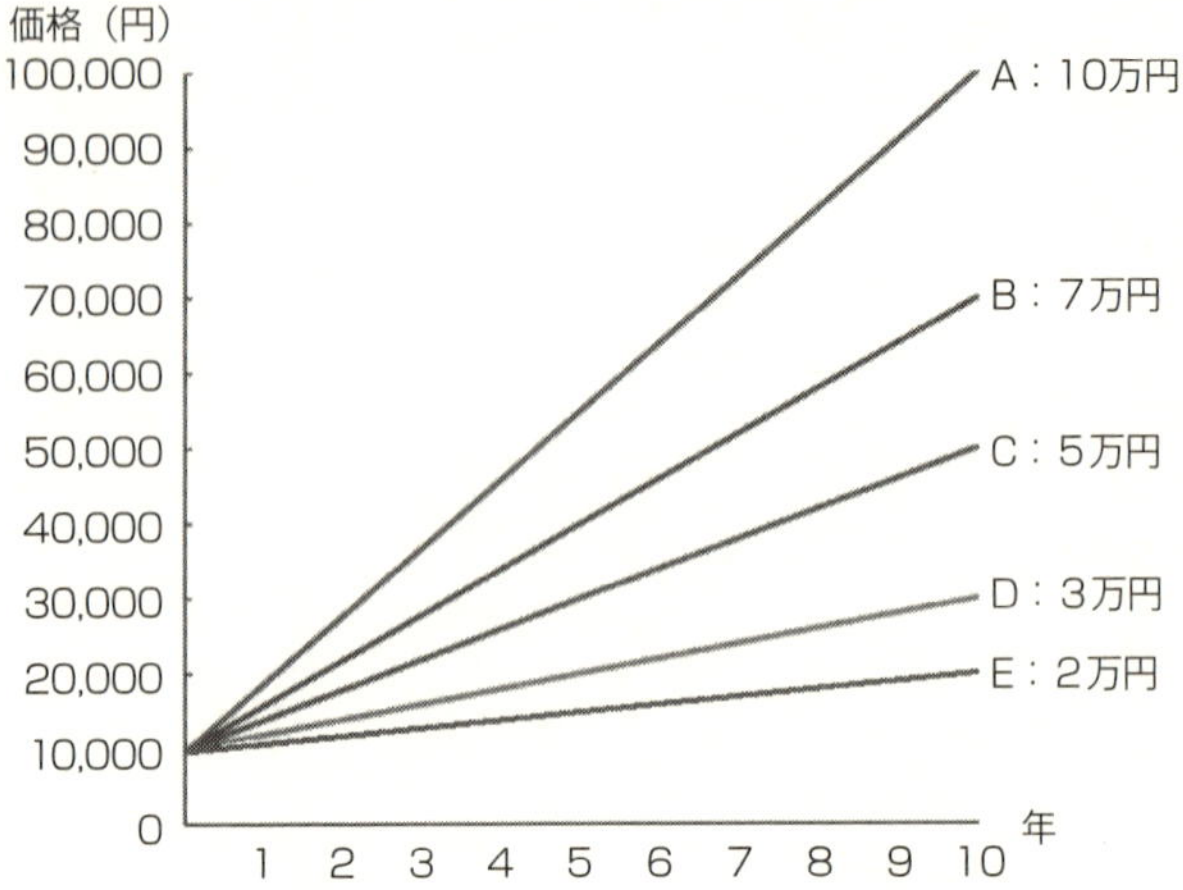

	終値(円)	収益率(%)	評価(円)
A	100,000	159.6	3,115,732
B	70,000	129.5	2,754,560
C	50,000	102.9	2,434,290
D	30,000	65.6	1,987,539
E	20.000	39.0	1,668,564

10年間つみたて投資をするケースです。この場合、たとえば10年で価格が2倍になるケースでは120万円は約166.9万円(+39.0%)になります。投資信託が10年で2倍程度は十分に起こりうる成績です。10年で5倍になると約243.4万円で、ちょうど2倍程度です（+102.9%）。

図74　20年間つみたて投資をした場合

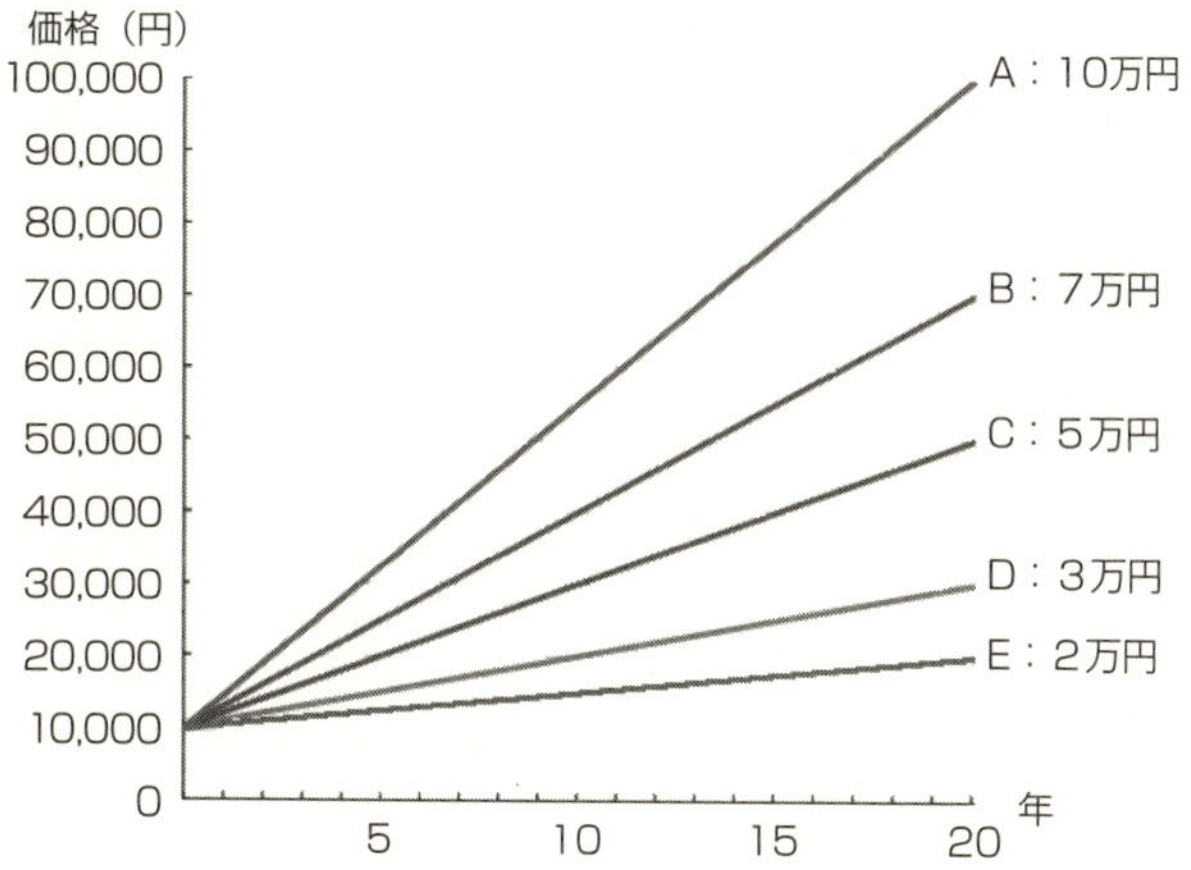

	終値(円)	収益率(%)	評価(円)
A	100,000	157.7	6,185,536
B	70,000	128.3	5,478,691
C	50,000	102.0	4,848,830
D	30,000	65.2	3,965,023
E	20.000	38.8	3,332,112

次は20年間つみたて投資をするケースです。20年間なので、毎月1万円つみたて投資をすると総投資金額は240万円になります。この場合、20年間で価格が2倍になるケースでは240万円は約333.2万円（+38.8%）になります。5倍になると約484.8万円でちょうど2倍程度です（+102.0%）。

図75　30年間つみたて投資をした場合

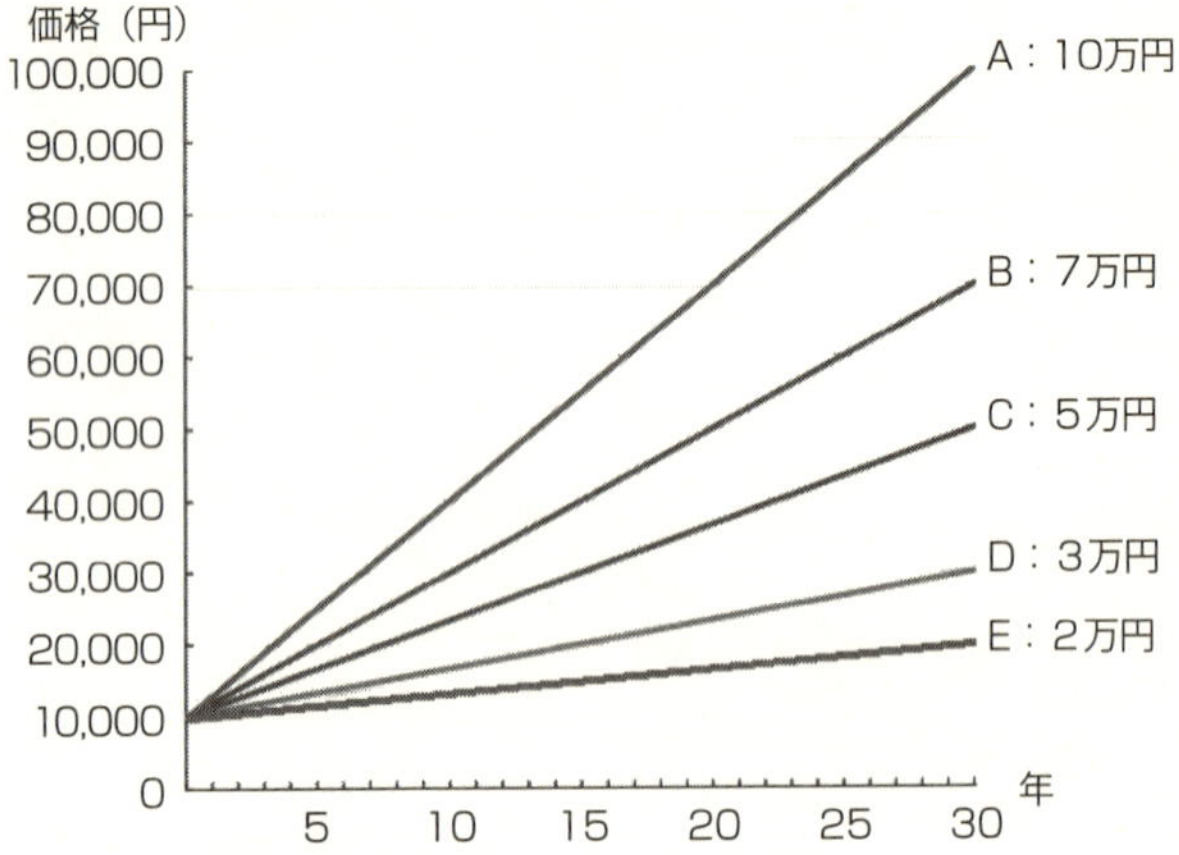

	終値(円)	収益率(%)	評価(円)
A	100,000	157.1	9,255,547
B	70,000	127.9	8,202,918
C	50,000	101.7	7,262,515
D	30,000	65.1	5,942,519
E	20.000	38.8	4,995,663

最後に30年間つみたて投資をするケースです。30年間なので、毎月1万円つみたて投資をすると総投資金額は360万円になります。この場合、30年間で価格が2倍になるケースでは約499.6万円(+38.8%)になります。5倍になると約726.3万円でちょうど2倍程度です。(+101.7%)
参考までに、NYダウは1980年1月は約875ドルでした。それから30年後の2010年1月は約1万ドルですので、30年間で約11～12倍になりました。
日経平均株価は1980年1月で約6800円でした。それから30年後の2010年1月末で約1万200円で約1.5倍になっています。

と、投資期間に関係なく約39％の利益が得られています。

ただし、積み立てる期間が異なるため、長期になるほど投資金額は大きくなります。結果、価格が2倍になる商品に毎月1万円ずつのつみたて投資をしたとしても、10年間の場合は約166・9万円、20年間の場合は約333・2万円、30年間の場合は約499・6万円と、期間が長くなるにつれ、成果は大きくなります。

まとめると、金融商品の価格が直線的に2倍になる商品の場合、投資金額の約40％の利益が得られます。3倍の場合は約65％、5倍の場合は約100％、10倍の場合は約160％の利益です。実際には一直線に動くのではなく、上げ下げを繰り返しますが、一つの目安として覚えておきましょう。

それでは、この期待値を用いて、実際の目標を30年後に2000万円と設定して考えてみましょう。ただし、これはあくまで30年間直線的に右肩上がりになるケースを仮定した話なので、成果にずれがある点は覚えておきましょう。

①30年間で10倍になる商品の場合
30年間で直線的に10倍になる商品の場合、毎月1万円ずつつみたて投資をしたら約926万円になるので、2000万円を目指すなら、毎月2万円のつみたてが必要です。

②30年間で5倍になる商品の場合

次は30年で5倍になるケースです。この場合、毎月1万円のつみたて投資だと約726万円貯まります。2000万円を目指すなら、毎月3万円のつみたてが必要です。

③30年で2倍になる商品の場合

次は30年で2倍になるケースです。この場合、毎月1万円のつみたて投資だと約500万円貯まります。2000万円を目指すなら、毎月4万円のつみたてが必要です。

いかがでしょうか。実は2000万円の目標は、期間を30年間に設定したとしても、なかなか難しいということがわかると思います。人によっては期間が20年、10年のケースもあると思います。それぞれのリタイアメントまでの目標金額と期間に応じて、必要な積立額を試算してみてください。

ただ、何もしないよりはした方が有利になります。まずは、できる金額で「つみたて投資」をスタートしてみて、その時の状況に応じて増減させていけばいいと思います。

【参考資料③】 本書で解説したシミュレーションの結果一覧

成績だけでなく、口数や収益率にも着目して、次ページの表を何度も読み返してみてください。理解がさらに深まるはずです。

効果	ページ	説明	収益率	評価額（円）	損益（円）	口数
①「値下がり安心」効果	20	半値になっても	16.0%	1,392,397	192,397	2,784,795
	26	1円まで下落	46.1%	1,753,209	553,209	350,641,868
②「スピード回復」効果	34	6年6ヵ月目に回復	1.1%	788,720	8719,637	1815271.9
③「リバウンド」効果	42	元に戻っただけ	101.2%	2,414,690	1,214,690	2,414,690
④「ストレス抑制」効果	50	10年で2倍に	39.0%	1,668,564	468,564	834,282
	52	上がって下がる	−26.5%	881,695	−318,305	881,695
⑤「タイミングフリー」効果	62	図24-1	130.9%	2,770,899	1,570,899	1,108,360
	〃	図24-2	133.7%	2,804,782	1,604,782	1,068,488
	〃	図24-3	133.3%	2,799,105	1,599,105	1,017,857
	〃	図24-4	128.3%	2,740,099	1,540,099	953,078
	〃	図24-5	117.1%	2,605,336	1,405,336	868,445
	〃	図24-6	102.9%	2,434,290	1,234,290	778,973
	〃	図24-7	92.0%	2,304,247	1,104,247	708,999
	〃	図24-8	83.4%	2,201,238	1,001,238	652,219
	〃	図24-9	76.4%	2,117,198	917,198	604,914
	65	図25-1	56.4%	1,876,636	676,636	1,251,091
	〃	図25-2	77.5%	2,130,531	930,531	1,217,446
	〃	図25-3	99.0%	2,387,431	1,187,431	1,193,715
	〃	図25-4	118.2%	2,618,277	1,418,277	1,163,679
	〃	図25-5	130.9%	2,770,899	1,570,899	1,108,360
	〃	図25-6	133.3%	2,799,105	1,599,105	1,017,857
	〃	図25-7	117.1%	2,605,336	1,405,336	868,445
	〃	図25-8	92.0%	2,304,247	1,104,247	708,999
	〃	図25-9	76.4%	2,117,198	917,198	604,914
	68	終わりは大切A	119.1%	2,628,827	1,428,827	657,207
	〃	終わりは大切B	65.6%	1,987,539	787,539	662,513
	〃	終わりは大切C	11.8%	1,341,523	141,523	670,761

効果	ページ	説明	収益率	評価額（円）	損益（円）	口数
⑥「プロセス」効果	74	図30-A	45.2%	1,742,029	542,029	580,676
	〃	図30-B	97.9%	2,374,375	1,174,375	791,458
	76	図32-1	−11.7%	3,178,966	−421,034	635,793
	〃	図32-2	−0.8%	3,570,460	−29,540	714,092
	〃	図32-3	14.0%	4,103,740	503,740	820,748
	〃	図32-4	35.7%	4,886,174	1,286,174	977,235
	〃	図32-5	71.9%	6,187,241	2,587,241	1,237,448
	〃	図32-6	122.6%	8,013,110	4,413,110	1,602,622
	〃	図32-7	189.3%	10,414,341	6,814,341	2,082,868
	〃	図32-8	480.2%	20,888,400	17,288,400	4,177,680
	78	図33-A	0.04%	1,200,492	492	1,200,492
	〃	図33-B	6.3%	1,275,967	75,967	1,275,967
	〃	図33-C	0.0%	1,200,000	0	1,200,000
⑦「継続」効果	86	図35-A	159.6%	3,115,732	1,915,732	311,573
	〃	図35-B	157.1%	9,255,547	5,655,547	925,555
	〃	図35-C	156.6%	15,395,691	9,395,691	1,539,569
	89	図37-A	53.2%	5,515,732	1,915,732	551,573
	〃	図37-B	157.1%	9,255,547	5,655,547	925,555
	〃	図37-C	653.2%	27,115,732	23,515,732	2,711,573
⑧「予測不要」効果	96	図4-A	4.7%	1,256,452	56,452	837,635
	〃	図4-B	16.0%	1,392,397	192,397	2,784,795
	97	図40-1	33.4%	1,600,582	400,582	800,291
	〃	図40-2	25.8%	1,509,518	309,518	838,621
	〃	図40-3	26.4%	1,516,922	316,922	892,307
	〃	図40-4	17.7%	1,412,357	212,357	941,571
	〃	図40-5	23.4%	1,480,272	280,272	986,848
	〃	図40-6	32.2%	1,586,722	386,722	1,057,815
	〃	図40-7	31.5%	1,578,468	378,468	1,127,477
	〃	図40-8	40.4%	1,684,293	484,293	1,203,066

おわりに　〜つみたて投資を日本の文化にしましょう

これから日本は本格的な成熟社会になります。お年寄りが増え、経済も昔のように一直線の成長軌道を描くのは難しいでしょう。そんな時代だからこそ、国に頼らず、個々人が真摯《しんし》に自分の将来に向き合う必要があると思います。特に、20〜30代の年金事情は相当厳しくなるでしょう。

そんな時代に、時間を有効活用しながら、限られたお金を育ててくれる「投資」は、一人ひとりのお金を増やしてくれる強力なパートナーです。

しかし、投資はまだ、日本において市民権を得ていません。投資は価格を当てる「ゲーム」や、売り買いを繰り返す「博打」のように捉えられる側面が強く、広く一般の方の生活に浸透するほどまでは裾野が広がっていません。

これは、本当にもったいないと思います。日本は世界でもトップ水準のお金持ちの国ですが、それがまったく活かされていません。１４００兆円にも及ぶ膨大な個人金融資産や、毎年２００兆円に達するサラリーマンの給料が証券市場に流れ込めば、より活力ある社会になるはずです。

私の願いは、この本で書かれている内容を日本人みんなで共有することです。本書では「今あるお金」（預貯金などにある個人金融資産：約1400兆円）ではなく、これから毎年生まれる「未来のお金」（サラリーマンの給料等：毎年約200兆円）に焦点を当てて解説しました。この「未来のお金」の投資＝つみたて投資は、一般の方が最も取り組みやすい投資手法だと思います。この投資は、商品の成績と投資の成果が一致しないなど、これまであまり伝えられてこなかった特徴がたくさんあります。

この内容が広まり、1億人に「投資は価格が下がっても怖くないな」「投資をしてみようかな」と思ってもらえれば、投資家の裾野が広まり、ひいては中長期的に国民全体の所得向上に寄与すると思います。

「安心」して始められ、「安心」して続けられ、自分や大切な人の将来と次世代の「安心」が創れる「つみたて投資」。この温もりと思いやりに満ちた、古くて新しい投資が日本に広まった時、我が国は世界経済の成長にも寄与することのできる資産運用立国になり、豊かな成熟社会に変化すると思います。「つみたて投資」は個々人の将来資産を築くに止《とど》まらず、新しい日本の未来を創る一つの答えだと思います。

また、本書で紹介した内容は、海外の人もまだあまり知らない内容です。アメリカ人が投資についで最も重要視するのは、「商品の成績」という調査結果が出ています。彼らに、「商品の成績」と「投資の成果」が「つみたて投資」では一致しないことを紹介すれば、きっと驚くことでしょう。この「つみたて投資」を、日本だけでなく、世界中の人と共有できれば、皆値下がりを怖がらずに済み、全世界で投資の裾野が広まるでしょう。60億人で「つみたて投資」をしたら、素敵だと思いませんか？　投資の本を海外から輸入するケースはたくさんありますが、日本から発信した例は少ないと思います。私は本書の内容を世界にも発信していきたいと考えています。その経過については、随時ＨＰで報告していきますので、よろしければご覧ください（http://yasuhoshi.me）。

最後になりましたが、この場を借りてお世話になった皆様にお礼の言葉を申し上げます。この本は本当に多くの方々にご協力いただき、書き上げることができました。

上地明徳さんには学生時代にアルバイトの機会をいただいたことに始まり、この本のテーマになる「つみたて投資」の研究の際にもたいへんお世話になりました。このご恩は一生かけても返し切れないものがあると思っています。

元日本インベスターズ証券の皆様には、本書でも触れましたが、度を越えた（？）無礼を働いてしまいました。そんな私を温かく見守ってくださった先輩方に感謝しています。

三菱証券時代の堺支店の皆様にも感謝しています。楯千春様の管理に入らなければ、今頃、身を滅ぼしていたと思います。また同期の仲間にも、貧しい時にもいろいろ助けていただきました。ありがとうございました。

ＳＢＩ証券の皆様にもたいへん感謝しています。勤めていた会社がなくなり、生活に窮《きゅう》するところでしたが、社長の井土太良様を始め、社員の皆様のお陰で生活をすることができました。

講談社の木村圭一さんにはたいへんお世話になりました。初めての執筆で勝手がわからぬ私にご指導くださいました。読者目線で何度も読み込まれる姿勢にプロ意識を感じました。『生命保険の罠』（講談社＋α新書）の著者・後田亨さんは、まだ知り合って日も浅く、何の実績もなく得体の知れない私を、出版社にご紹介くださいました。心よりお礼申し上げます。

そして、後田さんをご紹介いただいたコモンズ投信の渋澤健さん、データ提供などでバックアップしていただいたセゾン投信の中野晴啓さんほか、スタッフの皆様。ほかにも、ご紹介しきれませんが、大勢の方のご縁に恵まれました。この場を借りてお礼申し上げます。家族には、会社の倒産も含め、いろいろ不安な思いをさせましたが、温かく支えてくれました。８年前に他界した亡き父も喜んでくれると思います。

この書が、日本人の、そして世界の人の投資のイメージが変わる一助となることを願って筆を置きたいと思います。

２０１０年師走　自宅書斎にて

星野《ほしの》泰平《やすひら》

星野泰平

1981年、埼玉県に生まれる。株式会社Tsumitate Style代表取締役。社団法人 世界つみたて投資協会 代表理事。

役職員3位の株主としてベンチャーの証券会社に参画。同社最年少の24歳で九州エリアマネージャーに就任。金融業界が富裕層、高齢者にアプローチする中、年金不安が高まる「自分と同世代の20〜30代の資産形成のお役に立つこと」を自らのミッションと決め、ほとんど金融機関の儲けにならない、少額ずつ続ける投資(つみたて投資)の研究に着手。10万回以上の検証を経て、「下がったら損をする」という投資のイメージを覆す等、それまでに金融業界が説明してこなかったつみたて投資の特徴の体系化に成功。

2011年は講演50件超、連載6本をこなし精力的につみたて投資の啓蒙に従事。また、日本人で初めて9000万人が投資信託を保有する資産運用大国アメリカで投資本を出版。つみたて投資の特徴を世界の新しい投資の常識にするために、社団法人 世界つみたて投資協会設立。2012年からアメリカなど世界で講演活動を予定。
●(株)Tsumitate Style　http://tsumitatestyle.jp/
●(社)世界つみたて投資協会　http://w-tia.info/

講談社＋α《プラスアルファ》新書　546-1 C

半値《はんね》になっても儲《もう》かる「つみたて投資《とうし》」

星野泰平《ほしのやすひら》

2010年12月20日第1刷発行
2015年7月1日第10刷発行

発行者———鈴木 哲
発行所———株式会社 講談社
東京都文京区音羽2-12-21 〒112-8001
電話 出版(03)5395-3532
販売(03)5395-4415
業務(03)5395-3615
デザイン———鈴木成一デザイン室
カバー印刷———共同印刷株式会社
印刷———豊国印刷株式会社
製本———株式会社若林製本工場
本文データ制作———講談社デジタル製作部

ISBN978-4-06-272694-8

講談社+α新書

和風ヨーガ 日本人の体と心に合わせた健康術
ガンダーリ松本
気になる場所にやさしく触れるだけで超簡単！いつでもどこでも手軽にできる究極の「秘技」
876円 509-1 B

「メス」失格
対馬ルリ子
妊娠・出産が減り、生理回数が増えているのは異常な事態であることをわかっていますか？
838円 510-1 B

幕末時代劇、「主役」たちの真実 ヒーローはこうやって作られた！
一坂太郎
突然大スターになった坂本龍馬、なぜか大衆に愛された新選組。熱狂の裏のもう一つの歴史！
838円 511-1 C

「隠れ病」は肌に出る！
猪越恭也
吹き出物、むくみ、変色など、体のサインで病気はわかる！ 今すぐできるチェックシートつき
838円 512-1 B

東大卒僧侶の「お坊さん革命」 お寺は最高のエンタメ発信地
松本圭介
仏教は21世紀の成長産業！「お骨抜きには成り立たない」骨抜き伝統仏教に気鋭の僧侶が喝!!
838円 513-1 A

デキる弁護士、ダメな弁護士
内藤あいさ
弘中、久保利、升永、村尾、中村。医療過誤から会社更生まで5人の弁護料はいったいいくら？
838円 514-1 C

誤解されない話し方 説得力より納得力
梅田悟司
会話の空気を操る技！「想いを伝えるプロ」が伝授する法則は、仕事・恋愛・家庭でも有効!!
838円 515-1 A

生きるのがラクになる「忘れ方」の秘訣
井上暉堂
「プラス思考にこだわるな」「人間は消耗品」元暴走族で会社を経営する、型破り老師の極意
838円 516-1 C

「交渉上手」は生き上手
久保利英明
トップ弁護士が伝授！ 夫婦、上司と部下、面接試験などの交渉で「幸せになれる奥義」
838円 517-1 C

陸軍士官学校の人間学 戦争で磨かれたリーダーシップ・人材教育・マーケティング
中條高徳
倒産寸前のアサヒビールを兵法でシェア1位に。戦争は人間の研ぎ器、ビジネスに勝つ「兵法」!!
838円 519-1 C

成功した人はみんな「受験ワザ」を使っている
小澤　淳
ビジネスから冠婚葬祭まで、大人の生活を実りあるものに変える方法は「昔覚えた」アレだった！
838円 520-1 C

表示価格はすべて本体価格（税別）です。本体価格は変更することがあります